# 创新视域下的资源型城市生态转型研究

朱阿丽　石学军　著

黄河出版传媒集团
阳光出版社

**图书在版编目（CIP）数据**

创新视域下的资源型城市生态转型研究 / 朱阿丽，石学军著. -- 银川：阳光出版社，2020.9
 ISBN 978-7-5525-5560-8

Ⅰ.①创… Ⅱ.①朱… ②石… Ⅲ.①城市经济－转型经济－研究－山东 Ⅳ.①F299.275.2

中国版本图书馆CIP数据核字(2020)第189840号

## 创新视域下的资源型城市生态转型研究

朱阿丽 石学军 著

责任编辑　陈建琼
封面设计　西　子
责任印制　岳建宁

黄河出版传媒集团　出版发行
阳 光 出 版 社

出 版 人　薛文斌
地　　址　宁夏银川市北京东路139号出版大厦（750001）
网　　址　http://www.ygchbs.com
网上书店　http://shop129132959.taobao.com
电子信箱　yangguangchubanshe@163.com
邮购电话　0951-5014139
经　　销　全国新华书店
印刷装订　天津兴湘印务有限公
印刷委托书号　（宁）0018794

开　　本　880 mm×1230 mm　1/32
印　　张　5
字　　数　100千字
版　　次　2020年10月第1版
印　　次　2021年2月第1次印刷
书　　号　ISBN 978-7-5525-5560-8
定　　价　45.00元

# 前　言

习近平 2017 年 5 月在山西考察工作时强调："坚持绿色发展是发展观的一场深刻革命。要从转变经济发展方式、环境污染综合治理、自然生态保护修复、资源节约集约利用、完善生态文明制度体系等方面采取超常举措，全方位、全地域、全过程开展生态环境保护。"① 在 2019 年 4 月北京世园会开幕式上，习近平发出尊重自然、爱护自然的行动倡议：要倡导简约适度、绿色低碳的生活方式，拒绝奢华和浪费，形成文明健康的生活风尚。

资源型城市转型是一个世界性课题。资源型城市在发展过程中，面临着成长—成熟—衰落—转型这三个阶段。资源型城市往往面临以下问题工业独大，第三产业比重严重不足，资源效益与经济效益错位；粗放式开采方式，能源浪费现象严重，生态环境日趋恶化，后期治理费用高；产业结构不协调，劳动力结构单一，产业升级困难等困境，

---

① 《人民日报》2017 年 6 月 24 日 01 版。

使得转型发展十分困难。中国经济经历多年高速发展，资源型城市做出了巨大贡献，并付出了沉重的代价。资源型城市如何突围求生并实现生态转型，也成为社会普遍关注的问题。

经济转型伴随着经济增长方式的相应转变，即从粗放型经济向集约型经济、从环境破坏向生态城市的跨越，这需要技术、管理、文化、政策多维度创新能力强有力的支持。因此，无论是从理论上探讨，还是基于成功经验、失败教训总结的层面，创新驱动视角下资源型城市发展比较研究具有重要的指向性价值，对探索资源型城市转型发展模式具有十分重要的意义，有助于后发城市在转型战略中更好地顺应经济周期律，提升转型的效率和速度、减少转型的代价。

资源型城市转型发展研究是运用城市生态学和统计学原理，围绕生态城市、绿色城市、低碳科技城市和生态转型等主题，将视野落脚于不同类型的资源型城市发展的各个阶段，将创新思维与技术创新的最新成果和资源型城市转型有机结合。

通过对资源型城市发展的比较研究，从经济发展、技术创新、政策法规、和社会文化等4个层面构建分析框架，探讨资源型城市在发展过程中遇到的困惑和取得的经验，为发城市转型提供新视角；为科技创新理论与城市经济发展理论的融合寻找更现实的切入点；为产业转型发展提供政策依据以及对策。探索资源型城市在改造和提升传统产业方面，实现传统产业的高技术化，为其他资源型城市发展转型提供经验借鉴。资源型城市要有城市立体发展观念。

分析资源型城市面临的各种困境，研究资源型城市发展过程科技创新能力，特别是中小企业科技创新能力、不同类型的资源型城市转型发展中存在的问题及抗风险能力、创新驱动视角下资源型城市转型过程中各创新主体所扮演的角色，以及以科技创新促进各类资源型城市转型发展的对策建议。从横向、纵向两个维度研究资源型城市转型发展过程的经验教训，找出先进城市发展的规律性，使资源型城市转型发展最终落脚到建设绿色生态城市和城市生态转型上来。

本书主要研究了以下三个方面的问题：

1. 资源型城市发展过程中小企业科技创新能力研究。

资源型产业大多数存在技术含量小、技术创新能力弱、产业层次低，产业升级受到了技术层次的明显约束。在科技资源丰富的地区，科研院所、高等院校是科技创新的主力军，科技创新成果转化难是存在的主要问题。在资源型城市发展的早中期，中小企业往往承担着资源型产业链延伸的不自觉使命，而中小企业往往资金短缺，科技人才有限，科研条件不足，导致科研能力欠缺。如何形成政府与企业相互协同、产学研相互依托的科技创新工作新局面。如何不断优化科技创新发展环境和服务能力，构建起人才、信息、知识产权、投融资、法律等一批服务于创新创业的公共平台，培育中小企业内生的发展动力，顺利实现知识转化应用。本书将以山东鲁阳股份有限公司等企业为例，研究企业创业初期科技创新机制以及与学校科研机构合作研发的途径，从而降低能耗减少对环境的破坏、提高产品附加值、提高企业竞争能力。

2. 关于绿色生态发展的反思。

发展经济与保护环境的冲突困扰着人类，以生态环境破坏为代价换取经济发展，是人类进入工业社会以后付出的惨痛代价。我国对资源型城市绿色转型的认识也经历了一个不断成熟的过程，在经济增长方面也曾只注重经济效益，不关注环境问题，给资源环境、生态平衡造成巨大破坏。现代西方发达国家对资源型城市的改造振兴，非常重视技术和资金的投入。我国资源型城市在绿色转型过程中，借鉴国外成熟经验，弘扬传统文化优秀生态理念，及早鼓励引导绿色接续产业，加大资金投入和政策扶持力度。

3. 以科技创新促进各类资源型城市转型发展的对策建议。

地方科技创新工作必须更多地强调从自身实际出发，坚持以需求为导向，更加直接地支撑和服务于地方经济社会发展。着重建立科技创新转化风险承担机制。在产业布局上，在资源型城市发展早期，就应着眼于城市科学规划，合理论证，多方选种，培育城市未来产业框架。增强城市抗风险能力，避免严重依赖现有矿产资源，使得一业独大，导致"荷兰病"。政府部门要重点发展现代化资源产业，提高城市的竞争力，以重大技术突破和重大创新发展需求为基础，对经济社会的全局和长远发展具有重大引领带动作用的战略转型性新兴产业，加快培育和发展知识技术密集、资源消耗少、成长潜力大、综合效益好的产业，从而实现资源型城市顺利转型。健全法律体系和高新科技产业导入机构，吸引生态投资和技术转化，制定政策扶植高新技术产业扎根、发展、壮大。

# 目录

第一章　我国资源型城市转型的模式…………………………… 1

一、我国资源型城市概况 ……………………………… 1

二、资源型城市转型的相关研究 ……………………… 9

三、资源型城市转型过程中存在的突出问题 ………… 15

四、新常态下资源型城市转型发展的困境与出路 …… 17

（一）资源型城市的界定及其发展特征 …………… 18

（二）新常态下资源型城市发展面临的挑战 ……… 20

（三）新常态下资源型城市转型发展的对策建议 … 23

五、资源型城市转型模式综述 ………………………… 25

（一）常见的转型模式 ………………………………… 26

（二）资源型城市转型的启示与路径 ……………… 34

第二章　资源型城市生态转型的设想……………………… 43

一、关于资源型城市的绿色转型 ……………………… 45

（一）绿色发展理念溯源及其相关研究 …………… 46

（二）思想观念对中国绿色生态发展的影响 ……… 50

（三）绿色发展观走向成熟 …………………………… 50

（1）以绿色发展为第一要务 ………………………… 52

（四）资源型城市绿色转型的建议 …………… 58

二、生态观的传统与借鉴 ……………………… 63

（一）生态伦理学理论的流派及争论 ………… 63

（二）生态主义对人的价值观的重塑 ………… 68

（三）西方以经济为中心的高速发展观对中国社会的冲击和

影响 …………………………………………… 71

三、中国传统文化中的生态观 ………………… 73

（一）"天人合一"——顺应自然观 ………… 73

（二）仁民爱物——人与人、人与自然平等的道德理念 78

（三）"强本而节用"，可持续发展 ………… 80

四、中华人民共和国成立后我国绿色发展观的演进 … 83

（一）不同历史时期的绿色发展观 …………… 84

（二）碳排放的提出与应对 …………………… 87

（三）碳关税的提出为资源型城市转型提出新的挑战 … 89

（四）我国应对碳关税的措施 ………………… 95

（五）低碳经济与相关法律政策分析 ………… 98

五、资源型城市生态转型要重视学校生态教育 ……… 109

第三章　资源型城市转型过程中的科技创新能力提升……… 123

一、创新激励政策研究 ……………………… 124

二、资源型城市转型要重点关注中小企业 …… 129

（一）中小企业户数同比减少 6494 户 ……… 130

（二）主营业务收入同比增长 8.4% ………… 131

（三）主营业务成本同比增长 8.0% ………… 131

（四）利润总额同比增长 11.4% …………… 132

（五）中小企业亏损面为 15.2% …………… 132

三、资源型城市中小企业科技创新存在的主要问题 ··· 133

（一）尚未形成有利于中小企业创新的外部环境 ······ 133

（二）创新意识淡薄且科技创新信息获取渠道不畅 ··· 134

（三）科技创新资金来源有限，融资环境亟待改善 ··· 135

（四）科技创新层次低导致科技创新资源浪费严重 ··· 137

（五）创新人才激励机制和创新协调沟通机制建设滞后 138

四、资源型城市中小企业科技创新扶持对策 ·········· 139

（一）企业创新激励政策研究要关注的问题 ·········· 139

（二）积极引导中小企业走科技创新的发展道路 ······ 140

（三）加大财税和金融对中小企业科技创新的支持力度 141

（四）提高科技创新服务能力，完善科技创新服务体系 142

参考文献 ················································ 145

# 第一章　我国资源型城市转型的模式

　　我国资源型城市经过十多年的转型探索，取得了较大成效，但也有一些问题值得探讨，如资源型城市转型的观念阻碍，转型所急需资金融资难、接续产业发展受困、采矿区人员安置难，城市转型环境不良，科技创新亟待突破等。本书选择经济发展较快的广东、内蒙古和山东地区与一些相对发展缓慢的资源地区进行对比分析，反思我国资源型城市转型发展取得的经验和遇到的不足。

## 一、我国资源型城市概况

　　我国资源型城市分布广、数量多，为 1949 年后的中国经济建设做出了巨大的贡献。资源型城市作为维护能源资源安全的保障地，曾是推动新型工业化和城镇化的主战场。"中华人民共和国成立以来，资源型城市累计生产原煤 529 亿吨、原油 55 亿吨、铁矿石 58 亿吨、木材 20 亿立方米……为我国建立独立完整的工业体系、促进国民经济发展做出了历史性的贡献。"

2013 年全国资源型城市名单如表 1 所示。

表 1 全国资源型城市名单（2013 年）

| 所在省（区、市） | 地级行政区 | 县级市 | 县（自治县、林区） | 市辖区（开发区、管理区） |
|---|---|---|---|---|
| 河北（14） | 张家口市、承德市、唐山市、邢台市、邯郸市 | 鹿泉市、任丘市 | 青龙满族自治县、易县、涞源县、曲阳县 | 井陉矿区、下花园区、鹰手营子矿区 |
| 山西（13） | 大同市、朔州市、阳泉市、长治市、晋城市、忻州市、晋中市、临汾市、运城市、吕梁市 | 古交市、霍州市、孝义市 | | |
| 内蒙古（8） | 包头市、乌海市、赤峰市、呼伦贝尔市 | 霍林郭勒市、阿尔山市★、锡林浩特市 | | 石拐区 |
| 辽宁（15） | 阜新市、抚顺市、本溪市、鞍山市、盘锦市、葫芦岛市 | 北票市、调兵山市、凤城市、大石桥市 | 宽甸满族自治县、义县 | 弓长岭区、南票区、杨家杖子开发区 |
| 吉林（11） | 松原市、吉林市★、辽源市、通化市、白山市★、延边朝鲜族自治州 | 九台市、舒兰市、敦化市★ | 汪清县★ | 二道江区 |
| 黑龙江（11） | 黑河市★、大庆市、伊春市★、鹤岗市、双鸭山市、七台河市、鸡西市、牡丹江市★、大兴安岭地区★ | 尚志市★、五大连池市★ | | |
| 江苏（3） | 徐州市、宿迁市 | | | 贾汪区 |

续表

| 所在省（区、市） | 地级行政区 | 县级市 | 县（自治县、林区） | 市辖区（开发区、管理区） |
|---|---|---|---|---|
| 浙江（3） | 湖州市 | | 武义县、青田县 | |
| 安徽（11） | 宿州市、淮北市、亳州市、淮南市、滁州市、马鞍山市、铜陵市、池州市、宣城市 | 巢湖市 | 颍上县 | |
| 福建（6） | 南平市、三明市、龙岩市 | 龙海市 | 平潭县、东山县 | |
| 江西（11） | 景德镇市、新余市、萍乡市、赣州市、宜春市 | 瑞昌市、贵溪市、德兴市 | 星子县、大余县、万年县 | |
| 山东（14） | 东营市、淄博市、临沂市、枣庄市、济宁市、泰安市、莱芜市 | 龙口市、莱州市、招远市、平度市、新泰市 | 昌乐县 | 淄川区 |
| 河南（15） | 三门峡市、洛阳市、焦作市、鹤壁市、濮阳市、平顶山市、南阳市 | 登封市、新密市、巩义市、荥阳市、灵宝市、永城市、禹州市 | 安阳县 | |
| 湖北（10） | 鄂州市、黄石市 | 钟祥市、应城市、大冶市、松滋市、宜都市、潜江市 | 保康县、神农架林区★ | |
| 湖南（14） | 衡阳市、郴州市、邵阳市、娄底市 | 浏阳市、临湘市、常宁市、来阳市、资兴市、冷水江市、涟源市 | 宁乡县、桃江县、花垣县 | |

续表

| 所在省<br>（区、市） | 地级行政区 | 县级市 | 县（自治<br>县、林区） | 市辖区<br>（开发区、管<br>理区） |
|---|---|---|---|---|
| 广东（4） | 韶关市、云浮市 | 高要市 | 连平县 | |
| 广西（10） | 百色市、河池市、贺州市 | 岑溪市、合山市 | 隆安县、龙胜各族自治县、藤县、象州县 | 平桂管理区 |
| 海南（5） | | 东方市 | 昌江黎族自治县、琼中黎族苗族自治县★、陵水黎族自治县★、乐东黎族自治县★ | |
| 重庆（9） | | | 铜梁县、荣昌县、垫江县、城口县、奉节县、云阳县、秀山土家族苗族自治县 | 南川区、万盛经济开发区 |
| 四川（13） | 广元市、南充市、广安市、自贡市、泸州市、攀枝花市、达州市、雅安市、阿坝藏族羌族自治州、凉山彝族自治州 | 绵竹市、华蓥市 | 兴文县 | |
| 贵州（11） | 六盘水市、安顺市、毕节市、黔南布依族苗族自治州、黔西南布依族苗族自治州 | 清镇市 | 开阳县、修文县、遵义、松桃苗族自治县 | 万山区 |

续表

| 所在省（区、市） | 地级行政区 | 县级市 | 县（自治县、林区） | 市辖区（开发区、管理区） |
|---|---|---|---|---|
| 云南（17） | 曲靖市、保山市、昭通市、丽江市★、普洱市、临沧市、楚雄彝族自治州 | 安宁市、个旧市、开远市 | 晋宁县、易门县、新平彝族傣族自治县★、兰坪白族普米族自治县、香格里拉县★、马关县 | 东川区 |
| 西藏（1） |  |  | 曲松县 |  |
| 陕西（9） | 延安市、铜川市、渭南市、咸阳市、宝鸡市、榆林市 |  | 潼关县、略阳县、洛南县 |  |
| 甘肃（10） | 金昌市、白银市、武威市、张掖市、庆阳市、平凉市、陇南市 | 玉门市 | 玛曲县 | 红古区 |
| 青海（2） | 海西蒙古族藏族自治州 |  | 大通回族土族自治县 |  |
| 宁夏（3） | 石嘴山市 | 灵武市 | 中宁县 |  |
| 新疆（8） | 克拉玛依市、巴音郭楞蒙古自治州、阿勒泰地区 | 和田市、哈密市、阜康市 | 拜城县、鄯善县 |  |

注：

1. 带＊的城市为森工城市。

2.资源型城市名单将结合资源储量条件、开发利用情况等进行动态评估调整。

据《全国资源型城市生态转型规划》统计，在全国262个资源型城市中，成熟型资源城市占城市总数的54%，目前我国被列为需要立即转型的衰退型城市有67个，占26%，其中有25%的城市资源趋于枯竭，这些城市经济发展滞后、生态环境、民生问题突出。许多城市面临转型难题，资源型城市转型发展受到广泛关注。

按照《全国资源型城市转型规划》分类，全国确定的262座资源型城市中，山东省有14个城市属于资源型城市，是资源大省，囊括了所有资源型城市类型和各类城市级别。既有地级行政区、市、县级市，也有县、区。其中，昌乐县为成长型城市；东营市、济宁市、泰安市、莱芜市及招远市、平度市为成熟型城市；枣庄市、新泰市、淄川区为衰退型城市；淄博市、临沂市及龙口市、莱州市为再生型城市。这些城市当中，只有少数城市，如淄博、莱州等城市成功实现资源型城市的顺利转型。

矿物能源和矿产资源是不可再生资源，决定了资源型经济的发展必然经历一个由勘探到开采、高产稳产（鼎盛）、衰退直至枯竭的过程。伴随资源型经济的演变轨迹，单纯以资源型产业为支柱的城市经济也会有相似的发展轨迹。以至于资源型城市往往面临着繁荣期会伴生"荷兰病"①，出现一业独大，遏制其他产业的现象；在矿产资源衰竭期，城市随之衰落的传统轨迹。因而，探索资源型城市发展模式，对于山东这样一个资源城市大省，十分必要。资源后备基地如表2所示，衰退型资源城市和地区如表3所示。

## 表2　重要资源基地分布

| 基地 | 重要后备资源基地分布 |
| --- | --- |
| 木材后备基地 | 大兴安岭地区、延边朝鲜族自治州、白山市、伊春市等 |
| 稀土矿后备基地 | 包头市、赣州市、韶关市、凉山彝族自治州等 |
| 石油后备基地 | 唐山市、榆林市、克拉玛依市、鄯善县等 |
| 煤炭后备基地 | 呼伦贝尔市、六盘水市、榆林市、哈密市、资源型城市等 |
| 铜矿后备基地 | 金昌市、德兴市、哈巴河县、垣曲县等 |
| 锑矿后备基地 | 桃江县、晴隆县等 |
| 钨矿后备基地 | 郴州市、栾川县等 |
| 锡矿后备基地 | 河池市、马关县等 |
| 天然气后备基地 | 延安市、庆阳市、库尔勒市等 |
| 铝土矿后备基地 | 孝义市、百色市、清镇市、陕县等 |

①荷兰病（the Dutch disease），是指一国（特别是指中小国家）经济的某一初级产品部门异常繁荣而导致其他部门的衰落的现象。

## 表3 衰退型资源城市和地区

| 地级行政区（24个） | 乌海市、阜新市、抚顺市、辽源市、白山市、伊春市、鹤岗市、双鸭山市、七台河市、大兴安岭地区、淮北市、铜陵市、景德镇市、新余市、萍乡市、枣庄市、焦作市、濮阳市、黄石市、韶关市、泸州市、铜川市、白银市、石嘴山市 |
| --- | --- |
| 县级市（22个） | 霍州市、阿尔山市、北票市、九台区、舒兰市、敦化市、五大连池市、新泰市、灵宝市、钟祥市、大冶市、松滋市、潜江市、常宁市、耒阳市、资兴市、冷水江市、涟源市、合山市、华蓥市、个旧市、玉门市 |
| 县（自治县）（5个） | 汪清县、大余县、昌江黎族自治县、易门县、潼关县 |
| 市辖区（开发区、管理区）（16个） | 井陉矿区、下花园区、鹰手营子矿区、石拐区、弓长岭区、南票区、杨家杖子开发区、二道江区、贾汪区、淄川区、平桂管理区、南川区、万盛经济开发区、万山区、东川区、红古区 |

随着新一轮产业革命的深化，技术创新已经成为当前国际市场中最重要的战略资源。国家和地区竞争力的强弱从根本上看，也取决于整体技术水平的高低。产业的存在和发展总是建立在一定的技术基础之上的。任何一种产业，通过技术开发，运用新技术，创造出新的生产工具和生产工艺，就能够提高生产效率，提高劳动对象利用的深度和广度。面对经济全球化和以信息产业为代表的高新技术产业的飞速发展，没有技术创新能力的产业基本上是死路一条。

所以，在选择接续产业时，应当对产业目前的技术水平状况有一个客观的分析，这种技术水平在国内、国际上是落后的还是先进的。如果目前看是先进的，那么从中长期看，发展趋势将会是怎样的，是处于上升趋势还是衰落趋势。另外，这种产业所需的技术来源，是靠自主开发还是靠引进。引进技术虽说见效较快，但容易受制于人，所以在某些关键技术上还要拥有自主知识产权。这些都是在选择接续产业时必须考虑的问题。

以山东省为例，资源型城市的实际情况一直令人担忧，多数资源型地区都是以传统的资源产业为支柱，产业技术也以传统技术、实用技术为主体，技术进步缓慢，因而经济转型缺乏相应的技术推动，技术层次局限了资源型城市顺利转型。资源型产业大多属于依赖资金投入、劳力投入和资源消耗的经济活动部门。因此，这些产业技术含量小、技术创新能力弱、产业层次低，产业升级受到了技术层次的明显约束。很多矿山的开采仍在沿用陈旧的挖掘技术，矿石回采率低，资源浪费严重，环境污染、破坏严重。矿石深加工工艺远远落后于其他地区，处于产品加工最底端，产品附加值低，应用范围狭窄。仅以石膏加工为例，广东等省的防水石膏、高强度石膏、仿瓷石膏早已规模化生产，山东省的石膏产品仍停留在石膏模具、石膏初级装饰材料等的粗加工生产阶段。

## 二、资源型城市转型的相关研究

我国对于资源型城市转型的研究始于中华人民共和国成立之后，但实际有成效的研究是在改革开放之后。早期关于资源型城市规划方面的研究集中于工业布局和地域生产综合体的研究。纵观宏观经济进程和城市发展历程，我国资源型城市转型研究主要划分为三个阶段。中华人民共和国成立初期到改革开放时期，李文彦等学者从工业基地选址与布局的角度，探索了我国资源型城市的形成以及未来发展的规划。研究的重点主要集中在地区资源条件的评价、基于资源条件的工业布局、地域综合体组织等几个方面。从改革开放到 20 世纪 90 年代中期，随着我国经济的发展和国际环境的变化，研究的重点也转向了城市规划以及城市的生态转型。研究的视角扩大，从区域或地区转向城市和城市群，由单纯关注工业布局转向关注发展差异。根据认识的先后顺序可以将这一时期的研究过程再细分为两个阶段，即 20 世纪 80 年代注重工业布局和发展的研究，20 世纪 90 年代重点着眼于多元化产业的统筹兼顾和城市生态转型的研究。21 世纪中国的资源型城市进入到一个新纪元，绿色发展、生态发展成为城市转型的目标。

早在 1978 年，李文彦指出我国煤炭产业存在 4 个显著的问题，一是工业增长速度快，但综合化程度不高，对煤炭的综合利用效率低。二是劳动力资源利用不充分，尤其是女性劳动力。三是不注重基础设施和公共服务设施的配套，棚户区居住环境条件极差。四是不注重土地资源的有效利用，煤矿占地多，侵占农田，与农业生产形成矛盾。李文彦提出了工业综合发展的方向，并且具体总结了当时煤炭城市综合发展的三种类型，分别为多门类重工业基地、以煤电化为中心的工矿基地和与煤炭地方工业结合的工矿中心。在接下来的研究中，魏心镇（1981）和梁仁彩等也分别对煤炭地区工业的选址和布局以及工业的发展、煤炭城市的发展前景以及可能出现的城市问题等进行了探究。马清裕对包括煤炭城镇、油田城镇、金属矿区城镇、非金属矿区城镇在内的工矿区城镇发展进行了比较研究，综合阐述了不同时期、不同地理条件下工矿区城镇的工业结构类型及其发展特征。除了研究工业选址与布局，还有一些学者对资源型城市的规划与布局问题也进行了研究。20世纪90年代后至21世纪初期，一些学者逐渐认识到资源型城市产业结构单一的不利影响。齐建珍、白翎通过对抚顺、阜新两个煤炭型工业城市的发展模式进行对比后发现，一系列诸如环境污染、经济效益、社会问题、劳动就业、居民生活水平等问题都与城市产业结构单一有关，并认为解决问题的根本途径就是综合发展。杨纬民、刘洪从煤炭资源的不可再生性和资源型城市普遍存在的问题入手，认为对煤炭单一产业结构的调整是势在必行的。他提出了5个产业结构调整的原则，并探索了3个煤炭城市的产业调整方向。另外，还有一些学者针对特定地区的资源型城市的发展状况进行了研究，方觉曙针对淮北市的资源状况和发展情况对其产业结构提出了调整建议；朱关鑫等认真研究了山西煤炭产业发展的历史及现状，指出了其产业结构应当从低层次的原煤输出类型向煤炭深加工等高层次的产业结构转变。此外，胡玉才、许光洪、刘云刚、张米尔等学者也同样强调了资源型城市产业结构调整的必要性。大多数学者都指出，产业结构多元化是资源型城市发展的必然选择，发展资源深加工、发展非资源主导产业、发展第三产业是产业结构调整的主要方向。

我国学者对资源型城市转型的研究也是随着城市的发展不断进行的，研究领域主要涉及产业结构、资源利用、社会生活、环境改善等方面。孙雅静在《资源型城市转型与发展出路》一书中认为资源型城市转型的内涵主要包括产业转型和城市功能转型两个方面。根据赵景海的统计，九成以上的资源型城市发展研究涉及城市转型及经济转型问题。20 世纪 90 年代以来，许多专家学者通过对不同地区不同类型的资源型城市转型问题进行研究，取得了一些成绩。蒋承菘收集了在河南省平顶山市召开的"矿业城市发展研讨会"中诸多矿城领导、矿企领导以及专家学者等的发言，在其主编的《矿业城市与生态转型文集》一书中，从不同的管理角度探讨了资源型城市在转型中遇到的问题及对策。王青云的《资源型城市经济转型研究》一书，对我国已有的资源型城镇进行了统计和分类，指出了转型过程中可能遇到的困难，并通过分析国外资源型城镇成功转型的案例，对我国此类城市的转型提出了可借鉴的思路。张米尔在其《市场化进程中的资源型城市产业转型》一书中通过对国内外资源型城市成功转型案例的剖析和比较，归纳了资源型城市转型的三种模式，即产业延伸模式、产业更新模式和产业复合模式。赵天石在其所著的《资源型城市生态转型战略问题研究》中从资源型城市建设和发展过程中所面临的生态与环境问题入手，根据生态转型的理念，探索了此类城市在不同阶段实现生态转型的政策、措施和建议；王欢欢，沈山等学者从宏观层面研究了中华人民共和国成立 70 周年以来我国煤炭资源型城市的发展与转型。

21 世纪资源型城市转型的研究，更加关注具体的转型模式和途径的研究。严太华等学者研究了资源型城市收入差距、产业结构优化与经济发展；肖滢、卢丽文研究了资源型城市工业绿色转型发展测度——基于全国 108 个资源型城市的面板数据分析；赵彬、李天坤等学者基于 CiteSpace 的国内资源型城市知识图谱进行研究。

综上所述，我们可以看出国内对资源型城市的相关研究资料十分丰富，众多学者从不同方面剖析资源型城市转型可能遇到的问题并探索了转型思路，但是大部分是理论研究，缺乏对实证的分析和验证，大多数学者只是对某一个问题提出建设性的思路，然后对其进行定性分析，缺乏实证的支持，导致其政策措施针对性不强、实践意义不强。如何对资源型城市转型效果进行科学评价，需通过建立相应的竞争力衡量的指标体系，同时通过相应的实证研究来加以完善。在理论的建设方面，虽然百家争鸣，但理论的系统性和先进性不强，成套的规范性的研究理论成果较少，所以对现实中资源型城市转型的指导意义并不是很大。

20 世纪 70 年代末至 21 世纪初期，一些学者率先认识到资源型城市产业结构单一的不利影响。中国社会科学院马洪、朱嘉明等先后撰写《中国式的社会主义现代化和经济结构的调整》《速度·比例·结构——对我国经济发展速度和经济结构关系的探讨》，指出"要在本世纪末实现四个现代化，就必须立即着手改变多年来形成的不合理的经济结构"。之后有学者相继撰文强调资源型城市产业结构调整的必要性，如牛克洪撰写的《资源枯竭型企业的重新发展之路》、吴敬琏、陈吉元撰写的《根据地方特点建立合理的工业结构——关于江苏省工业结构问题的情况和看法》，周叔莲撰写的《合理化的经济结构和经济结构的合理化》等。

这时候学术界达成普遍认同："产业结构多元化是资源型城市发展的必然选择，资源深加工产业、发展第三产业、发展非资源主导产业，是产业结构调整的主要方向。"

2001 年后有多位学者，如杨向东、徐建中等人，对资源型城市转型的生命周期理论、转型模式、转型相关法律政策等方面进行了研究。张米尔在其《市场化进程中的资源型城市产业转型》一书中通过对国内外资源型城市成功转型案例的剖析和比较，归纳了资源型城市转型的三种模式：产业更新模式、产业延伸模式、和产业复合模式。杨向东撰文论述了资源型城市生态转型战略模式；徐建中对资源型城市产业结构调整存在的约束因素与对策进行了研究；尹红炜、孟宪忠、帅萍以东营市为例对资源型城市选择接续产业的 PCDL 模型进行了研究；刘丹等人对协同驱动视角下的资源型城市产业转型做了研究。

这一时期的学者多数是从技术路线着手对资源城市转型进行研究，如城市资源开发周期的特点，接续产业模式、途径、对策等，以及政府的作用、资源型城市的生态转型等问题，而且大多都是参考国外早期的相关研究成果，如资源型城市生命周期理论、资源型城市转型的最佳时机、再结合我国资源型城市的实际情况进行阐述。

## 三、资源型城市转型过程中存在的突出问题

自 20 世纪 90 年代以来，我国经济以年均增长 7.2% 的速度，持续高速增长，矿产资源的消耗也呈激增态势，加上人口激增，加剧了资源的紧张形势。一些资源型城市严重依赖矿产资源，加之资源的高消耗使用、过度开发和粗放型的经济增长模式，过早出现了"矿衰城弛"现象。资源型城市在十多年的转型发展中，取得了较大的成就，但存在的问题依然应当引起人们的广泛关注。

### 1. 转型的内生力不足

在资源型城市中，一业独大遏制其他产业发展的资源依赖现象普遍存在，采掘业和原材料工业比重大，在产业结构上呈现出明显的单一性特征，比如山东省东营市对石油的依赖。以传统资源产业为支柱资源型地区，资源型产业又大多属于依赖资金投入、劳动力投入和资源消耗的经济活动部门，产业技术也多为实用的传统采掘技术，这些

产业技术含量小、技术进步缓慢，技术创新能力弱。技术层次又局限了城市的顺利转型，经济转型缺乏相应的创新推动，产业升级受到了技术层次的明显约束。很多矿山的开采仍在沿用陈旧的挖掘技术，矿石回采率低，资源浪费严重，环境污染破坏严重。"人才、资金等要素集聚能力弱，创新水平低，进一步发展接续替代产业的支撑保障能力严重不足。"。加工业、服务业比重偏小，产品结构中初级产品占比过大，矿石深加工工艺落后，并且大都处于产业链的前端，产品附加值相对较低；仅以石膏加工为例，国外等地防水石膏、高强度石膏、仿瓷石膏早已规模化生产，我国大多数的石膏产品仍停留在石膏模具、石膏初级装饰材料等粗加工生产阶段。

2. "等靠要"观念影响资源型城市转型的进程

市场秩序有着自己的逻辑，道德支撑着市场的运行。经济不仅受经济规律的支配，而且受到人的期望、信仰和道德所组成的合力作用。"道德生产力"的观念早已在经济领域引起广泛关注。从长远、大局来讲，地区的全局意识、公平的环境，良好的社会风气影响经济发展，是经济发展的助推力，最终会对整个经济的发展起到促进作用。

相反，不管哪个地区，单纯依靠经济，缺乏大局意识，不注重人性和文化发展的地区，经济会出现问题，最终走向不可持续的发展道路。东北地区针对行政体制改革问题提出一系列措施，如：积极推广"一个窗口受理、一站式办理、一条龙服务"；开展优化投资营商环境专项行动，

"先行试点企业实行投资项目承诺制；实行企业投资项目管理负面清单制度"。这些措施，可以根本上扭转投资的文化环境。

### 3. 接续产业的选择出现新的洼地效应

资金向交易成本低的地方集中，就如同水往低处流一样，经济学中将这一现象称作"洼地效应"。从一个较长的时间范围来看，资源丰裕地区经济增长的速度是缓慢的，甚至是停滞的，并常伴生"荷兰病"现象。

房地产成为许多资源型城市的转型的主导产业。自1998年住房改革大幕拉开之后，我国房地产业形成新的"洼地效应"，因房地产业可以带来巨大的土地财政收入，房地产业几乎迅速成为各地区特别是经济欠发达地区和资源型城市的转型的主导产业。很多地方政府推波助澜推动当地的房地产业发展，致使诸多制造业企业，甚至高科技企业均因其暴利特征，纷纷转行进入房地产行业。

研究表明：城市的新城新区规划面积和人口应当按照比例建设，"占用地标准"为建成区每平方千米容纳1万人口。依照这个占用地标准，一个100平方千米建成区面积的城市，城区容纳人口应该为100万人。假如目前该城区仅有50万人，又难以在短时间内吸引力外来人口入住，就很可能沦为"空城""鬼城"。

## 四、新常态下资源型城市转型发展的困境与出路

随着资本、土地等要素供给下降，资源环境约束强化，

要素投入和能耗污染较少的服务业脱颖而出，产业结构将不断优化。消费需求持续较快增长，需求结构将不断优化；随着劳动力供给减少，人力资源稀缺性凸显，收入分配结构也将不断优化。新常态下，经济增长速度适宜、结构优化、社会和谐。转入新常态，意味着我国经济增长将基本告别传统的不平衡、不协调、不可持续的粗放增长模式。

我国经济进入新常态以后，由于国内外宏观经济环境的调整，资源型城市原有的产业优势受到巨大冲击，甚至普遍出现了较长周期内资源价格调整和经济增长放缓的严峻局面。随着我国社会经济改革发展新战略和新思路的深入推进，各地区资源型城市的转型发展取得了很多新进展和新突破，特别是对于诸如西部地区的新兴资源型城市来说，一方面承担着国家煤炭资源和电力能源供给基地的重要职能，另一方面又面临着产业转型升级发展的巨大压力，其稳增长与调结构的形势更加复杂。鉴于此，资源型城市应当以经济发展新常态为基本背景，对我国资源型城市转型发展面临的挑战、成效、困难与对策做出进一步研究，以期对其他资源型地区的转型发展有所裨益。

## （一）资源型城市的界定及其发展特征

### 1. 资源型城市的界定

20 世纪 20 年代至 70 年代，西方各国经历了一次社会经济发展的重要转型。这一时期，在工业经济迅速发展的推动下，煤炭、钢铁等矿产资源成为重要生产要素，一些矿产资源丰富的城镇迅速发展起来，尤其是第二次世界大战后，各国经济的重建和腾飞进一步推动了资源型城市和地区的发展。但到了 20 世纪 60 年代，随着矿产资源产地间竞争加剧和新能源替代趋势增强，一些依赖煤炭等矿产资源发展的城镇面临资源价格下降、经济发展困难等问题。于是，有关资源型城市发展的相关问题开始成为经济学领域的研究热点。那么，何为资源型城市？半个多世纪以来，在国内外的相关研究和政策规划中已经逐渐形成共识，但在具体表述上还存在一些差异。早期，西方学者将资源型城市表述为矿业城镇（Mining Town），后来又出现资源城镇（Resource Towns）、资源依赖型城镇（Resource-dependent Towns）等提法，其核心内涵是基本一致的，都主要指城镇经济以自然资源（尤其是矿产资源）的开发为主，对自然资源形成高度依赖。总体上来讲，资源型城市就是指受资源禀赋影响，其主导产业主要以煤炭、石油、钢铁、森林等自然资源的生产加工为主，社会经济对自然资源具有高度依赖性的城市。

2. 新常态下资源型城市的发展特征

资源型城市发展的本质特征就是其经济发展高度依赖于自然资源，尤其是煤炭、石油、钢铁等非可再生的矿产资源。这就决定了资源型城市在经济社会发展过程中表现出一些鲜明特征。

一是工业经济比重较大，第三产业发展相对滞后。由于自然资源特别是矿产资源丰富，绝大多数资源型城市在经济崛起之时都以矿产资源开发为主，对矿产资源的依赖性较强。例如我国山东省的淄博、枣庄、济宁等城市，其经济分别以煤炭、钢铁（铁矿石）、石油等资源开采加工及相关产业为主导，并很快发展成为工业经济占绝对优势的工业城市。但是，以矿产资源开发和加工为主的工业经济，对第三产业发展会产生"挤出效应"，表现为有限的资金、技术、人力等要素主要向第二产业集聚，第三产业发展相对滞后，经济结构的非均衡性日益突出。

二是经济发展周期明显，最终面临转型发展挑战。任何一种自然资源的总量都是有限的，尤其是非可再生的矿产资源，其开发利用必然要经历一个由少到多，再到慢慢枯竭的过程。即使是可再生的森林资源，也会因为过度砍伐而走向枯竭。因此，资源型城市的经济发展一般都表现出明显的周期性特征。

三是生态环境破坏严重，城市生态文明建设滞后。对自然资源的开发必然会带来生态环境的破坏，而且，在大多数情况下这种破坏还是比较严重的，例如煤炭开采造成的土壤裸露、地面塌陷、植被破坏等，以及钢铁冶炼造成的空气、土壤、水源污染等。在城市公共财政有限的情况下，如果没有强烈的环保意识和政策约束，资源型城市往往在生态环保领域投入不足，生态文明建设相对滞后。

（二）新常态下资源型城市发展面临的挑战

2013 年以后，受美国次贷危机引发的全球经济危机影响，我国经济在市场规律作用下出现增长速度换挡期、结构调整阵痛期和前期刺激政策消化期"三期叠加"的状态。长期以来，中国经济增长过多依赖于投资和出口，导致高储蓄率和低消费率并存，而国外需求增速下降必然导致出口下降、效益下滑和国内产能过剩，进而使经济系统向新的供求均衡调整，由旧的失衡状态向新的"常"态过度。所以，从本质上看，经济新常态是国家经济系统由长期失衡向新均衡调整的必然过程。由于资源禀赋和产业结构的特殊性，新常态下我国资源型城市经济社会发展将会面临诸多挑战，突出表现在以下几个方面。

一是经济增速下滑压力大，稳定经济增长的形势复杂。改革开放以来，我国抓住全球经济增长加快的机遇，并充分利用国内廉价劳动力、土地等要素优势，通过出口导向型的对外经济政策，实现了30多年的经济高速增长。20世纪90年代以后，我国重工业加快发展和整体工业化水平提高，带动了处于产业链上游的煤炭、钢铁等资源价格上涨，资源型地区经济增长速度开始加快。但是，资源型经济由于产品附加值较低，对自然资源依赖性强，其经济扩张主要依靠规模和价格拉动，那么在国内外需求增长放缓的情况下，最终导致资源型城市的经济增速会出现较大幅度下降。例如，资源型城市的经济增速从2011年的15.1%大幅下降到2016年的7.3%。而当前在全面建成小康社会的进程中，受持续改善民生、保护生态环境等刚性发展目标的约束，资源型城市面临稳定经济增长的形势是空前复杂的。

二是经济结构调整更紧迫，难度更大。新常态下我国各地区经济将会进行结构性调整，集中表现为第三产业比重加速上升，传统的煤炭、石油、钢铁等过剩产业增长空间下降，高耗能、高污染和低附加值的资源型产品将逐渐失去竞争优势，而引领新技术、新能源的节能环保、高新技术产业和以服务业为主的第三产业增长加快，新兴产业和生产要素将在地区间进行重新配置。如此一来，资源型城市的传统优势可能会迅速消失，经济结构调整在新的要素流动中显得周期更长，稳增长、调结构的任务更加紧迫。而且，产业发展和结构调整需要相关要素培育和集聚，新形势下地区和国家间竞争格局发生变化，尤其是人才、资金、政策等发展要素竞争加剧，资源型城市在缺乏新型产业发展基础的情况下吸引和培育新经济要素，进而调整经济结构，其难度是可想而知的。

三是发展动力转换更艰难，对经济社会深化改革要求更高。新常态下资源型城市以往粗放的发展动力将难以为继，产业结构调整和产品升级所需要的基础投资、研发投资，消费升级带来的消费需求增长，以及深化改革带来的创新等，都将会成为新常态下经济增长的新动力。但是，资源型城市经济社会发展的软环境并不占优势，政府和企业的研发投入都比较少，其新动力培育条件较差，而且动力转换是一个经济社会系统结构调整的过程，所以资源型城市发展动力"换挡"需要的时间较长。以鄂尔多斯地区为例，2016 年第二产业完成投资 1958.2 亿元，占全社会固定资产投资的 62.4%，而且主要集中在制造业、采矿业等工业领域，科技、教育和研发领域的投入还是非常有限的。在这种形势下，以技术创新和知识经济为核心的发展动力转换，要求地区在教育、科技和管理领域持续投入和改革创新，这对资源型城市经济社会改革和决策管理水平提高都提出了更高要求，政府面临的改革和创新的压力是非常大的。

### （三）新常态下资源型城市转型发展的对策建议

区域经济转型发展是一个循序渐进的过程，更是一个系统工程。总体上来讲，区域资源禀赋、人口和技术、制度环境和区位优势等方面综合作用，共同决定了地区经济的发展水平。国内外研究和发展实践都认为，特殊区域资源型城市（地区）转型发展都必须发挥政府的建设性引导作用。因此，资源型城市要顺利实现转型发展，就必须科学认识区域经济发展的规律，认清地区经济发展形势和禀赋条件，因地制宜、实事求是地制定发展战略和政策。基于以上分析，我们认为资源型城市应该从以下几个方面进一步采取相关举措。

第一，大力引进高新技术企业和研发机构，推动传统产业升级发展。资源型产业升级必须有强有力的科技支撑，资源型城市应该继续发展煤化工等下游产业，并加大力度引进相关领域的高新技术企业和研发机构，鼓励各类高新技术企业和科研院所入驻本地，带动本地传统产业升级和新兴产业发展。

第二，努力改善城市就业、创业环境，为新兴产业发展提供优良环境。继续深入实施"创业鄂尔多斯"行动，完善创业扶持政策和激励机制，加强创业平台建设，持续推进各级政府和各公共部门"放管服"改革，为社会就业和创业提供专业高效和人性化的服务。

第三，大力发展地区高等职业教育，为地区转型发展提供专业技术人才支撑。新兴产业发展需要大量专业技术人才，而且，一般情况下技术工人以本地培养最为有利，这对减少劳动成本，吸引外来人口本地就业，推动城市规模发展意义重大。资源型城市应加强本地人才培养，但其本地培养的专业技术人才在规模和质量上还难以对新兴产业的发展形成有效支持。因此，资源型城市可以通过扩大招生、合作办学等手段适度扩大高职和大专教育规模，努力提高教学质量，形成职业教育优势，培养适合地区经济社会发展需要的高素质专业技术人才，这样，才能够为地区转型发展提供数量稳定、质量可靠，且忠诚度更高的专业人才。

第四，大力发展旅游、会展等新兴产业，促进地区经济融合发展和城市吸引力提升。资源型城市应依托当地旅游资源，开辟旅游产业，如以响沙湾为代表的沙漠度假旅游资源，以康巴什新区为代表的全域旅游示范区等都具有巨大的旅游吸引力。今后应该继续大力支持和引导旅游产业升级，按照"全域旅游""特色旅游"发展理念提升区域旅游竞争力，并积极鼓励包括各类会议、展览和节事活动在内的现代会展业发展，助推地区社会经济顺利实现转型。

综上所述，资源型城市转型发展是由区域经济发展客观规律所决定的重要发展命题，大量国内外发展实践证明，资源型城市转型发展必须顺应国家宏观经济发展周期，因地制宜制定发展战略举措，在尊重市场经济规律的同时，积极发挥政府在制度供给、社会管理和产业引导等方面的建设性作用。我国西部典型的资源型城市应顺应新常态下发展形势，积极作为，在地区转型发展进程中取得了重要进展，同时也面临传统产业增长动力不足、新兴产业发展相对滞后、地区创新能力提升缓慢，以及产业低端化和产品初级化等现实困难。从经济发展规律来看，资源型城市只有准确把握国家和地区经济社会发展的总体要求，遵循系统性改革发展思路，结合实际采取有力举措，久久为功，才能够顺利完成转型发展任务。

## 五、资源型城市转型模式综述

由于可采资源日益减少，资源开采难度越来越大，转型成为资源型城市必须面对的问题。面对生存和发展的压力，一些资源型城市选择了加大对自然资源的开采强度，如石油城市山东东营、大庆等资源型城市。这就使得资源型城市的产业结构更加不合理，对资源的依赖更加严重，国际石油价格波动直接影响资源型城市的经济水平，甚至引发经济危机和生态危机。但意识到转型必要性的资源型城市，通过产业升级和城市转型打破了资源咒语。

## （一）常见的转型模式

### 1.国内外三种常见资源型城市的转型模式

从国内外的经验看，资源型城市的转型模式，一般分为三种：产业链延伸模式、新型产业植入模式和新主导产业扶植模式。

产业链延伸模式是指在资源开发的基础上，建立起资源深度加工和利用的产业群，资源型产业类型的不同，可在横向上向产业基础技术相同、具有一定地方优势的产业领域进行延伸，寻求生产要素在产业间的横向转移的可能性；在纵向上，可以考虑在原有产业链的基础上进行延伸，增加产品的加工深度，提高资源的附加价值，从而带动区域产业的转型和生态转型。如山东省的枣庄市，制定了"稳定尿素，做大甲醇，做深醋酸，储备开发二甲醚、烯烃"的发展战略，通过不断拉长产业链条，把煤矿变成"金矿"，转化后的结果是：1吨煤转化为电增值2倍，转化为甲醇增值4倍，转化为醋酸增值10倍，转化为醋酸丁酯增值40倍，转化为二醋酸纤维素增值近80倍。

目前，枣庄市已建和在建的煤化工项目总投资249.7亿元，使枣庄市一跃成为国内煤化工基地之一，实现了财政的生态转型。

新型产业植入模式，山东省老工业城市淄博市大力发展了替代产业，逐步形成了以石油化工、纺织、丝绸、陶瓷、机电、电力、冶金、煤炭、医药、建材等行业为主体的新的替代产业；同样是煤城的枣庄市，则一边拉伸产业链，大力生产煤炭升级产品，如醋酸丁酯产品，一边寻找新的替代产业，枣庄市开发出台儿庄古城旅游业，红色旅游和绿色矿业旅游，把旅游业做大做强做出特色，为所在城市的经济发展和转型开辟了新的增长点。

资源是不可再生的，是有限的，但旅游资源、文化资源用之不竭，取之不尽。发展旅游文化产业的意义主要有以下三个方面：第一，发展文化旅游是资源型城市生态转型性的重要路径；第二，发展文化旅游解决大量冗余劳动力；第三，发展文化旅游可促使当地注重生态保护，自然环境及人们的生活环境会发生根本性改变。

因煤而兴的枣庄市，以煤蜚声中外。据史料记载，枣庄市采煤的历史可以追溯至 1908 年。1908 年，峄县中兴矿局成立。民族资本独立经营的大型煤矿中兴矿局，是中国历史上最早的完全由中国人自办的煤矿。到 20 世纪 30 年代，中兴煤矿发展成为全国仅次于开滦、抚顺的第三大煤矿，"中兴"极盛时期的 1936 年，原煤产量达 182 万吨。1938 年日军侵占枣庄市，日本三井株式会社侵占了中兴煤矿公司，之后进行了掠夺性开采，严重破坏了枣庄市的煤炭资源。在日本侵略者"以人换煤"的法西斯血腥政策之下，八年间有 4000 多名矿工死于非命。1949 年后，中兴公司更名为枣庄煤矿，由于资源枯竭，1999年，枣庄煤矿关井破产重组为新中兴公司。2007年，枣庄市开始申报国家矿山公园，建设中国枣庄煤炭工业旅游区，它是展示煤炭开采史、应用史及煤炭文化发展史几度兴衰的需要，也是研究中国近代民族工业和中国民族资本企业艰难发展、百年沧桑的实体资料，成为当地又一特色鲜明的旅游资源。

复合发展模式，2007年，济宁市十一次党代会确立了"以经济战略转型为主线"的发展思路，由此开始了转型发展的探索和实践。"十二五"期间，济宁市将重点发展战略性新兴产业，重点方向是高端智能装备制造、航空航天装备、海洋工程装备、轨道交通装备等。3年后，济宁煤电"一业独大"的格局已被打破。到2010年，在煤炭产量没有增加的情况下，济宁市经济总量增长57%，财政一般预算收入增长70%，制造业增加值翻了一番，高新技术产业增加值增长2倍多，万元GDP能耗下降15%。济宁市经济格局出现"三大变化"：先进制造业超过煤电产业占据主导地位，煤电产业占比下降8.4%，下调到35%以下；高新技术产业增速超过工业增速，占工业比重达33%以上；服务业增加值年均增长15%，贡献份额提高到33.6%，产业结构更趋优化。

2. 按照城市转型的主观层面划分，城市转型分为主动型、被动型

主动转型的城市较早寻求城市发展出路，避免了一业独大的"荷兰病"爆发，如山东的龙口市，不但通过产业

升级，摆脱了资源枯竭导致城市经济发展受阻的困境，而且已经进入产业二次转型，经济飞速发展。一些被动等待国家扶持救济的资源型城市，则陷入到经济发展滞缓的困境中。

3. 按照转型理念，城市转型分为产业转型，科技创新转型和绿色生态生态转型

产业转型是资源型城市转型的核心，即"通过技术创新和制度创新重新配置各类生产要素，使这些要素从占主导地位的资源型产业转移到新兴产业，逐步实现产业不断更迭和升级的过程"。资源型城市应以制度创新和技术创新为动力，通过延伸产业链条，技术创新，根据城市产业的自身特点对转型进行规划，扩大产业规模，提高经济效益。通过制度创新，建立财政援助产业政策，积极引进和扶持非资源产业"实现产业多元化"发展城市经济。通过技术创新和制度创新，驱动资源型城市的产业转型，带动城市全面转型。

在转型过程中，怎样调整产业结构？怎样优化城市布局？植入新产业，特别是文化产业，绿色无烟产业，是很多资源型城市探寻的道路。现在越来越多的资源型城市，在转型时不再把经济指标作为衡量城市转型成功与否的标准，而是注重城市转型后更适宜人们生存发展，把资源型城市绿色生态转型作为城市发展的底线。

淄博市针对当地化工企业小、散、乱的实际特点，政府明确了调整思路，关小扶大、源头控制、提升内涵、优

化布局、梯次转移。大型企业要发展循环经济，中型企业要优化升级，落后的小型企业要坚决淘汰。在这一思路的引导下，淄博市中心城区东部化工区产业布局优化调整计划被提上了议事日程，把生态建设作为城市转型的重要衡量指标之一，大力整顿污染严重的企业，坚决关停了不符合环保要求的小煤窑、小发电厂、小矿山、小化工厂。淄博市用3年时间，将位于中心城区的新华制药、东大化工、大成农药、东风化工等4家化工企业全部搬迁。按照淄博市委、市政府的部署和要求，淄博市中心城区化工企业布局调整工作领导小组办公室先后完成了项目选址、《企业搬迁规划》编制、专家论证等工作。目前，这些企业已在新址上实现升级发展。

"枣庄市山多、树多、植被好、空气质量好，但是由于产业结构的问题，枣庄市的发展对自然资源和生态环境的透支比较严重。"在西部经济隆起带建设过程中，资源型城市枣庄首先确立了"生态立市"的发展理念，确立了改造传统优势产业，淘汰落后产业，培植战略型新兴产业的发展思路，由"卖资源"向"卖文化"调整的经济战略，进行"三关两治两创"。关停了能源消耗高、破坏环境、污染严重的一批小煤矿，关掉所有立窑水泥生产线，关掉露天采石场。

2009年12月17日，台儿庄被国务院台湾事务办公室确定为国家首个海峡两岸交流基地，煤城枣庄市抓住转型契机，以发展文化旅游作为突破口，重建台儿庄古城，着力打造二战纪念城、运河文化代表城，使其成为北方知名的东方古水城旅游地。在采取治理水污染、形成了中水回用和生态修复的治理体系，并关停所有立窑水泥生产线、小煤矿、露天采石场、小化工厂、小纺织厂、小印染厂的枣庄市，仅 2014 年就创造了旅游综合年收入 111 亿元的经济效益，增长达 16.5%。到 2018 年，第三产业增加值已经达到 1025.84 亿元，对经济增长的贡献率为 45.9%（《2018年枣庄市国民经济和社会发展统计公报》）。

　　已经成功转型的资源型城市龙口，一直具有非常强的危机意识，他们转型早，并且顺利实现二次转型，在全国百强县中排第十二位，是山东县域经济的"龙头"。龙口因盛产黄金、铅、锌、萤石、花岗岩、石灰石、石英砂等矿产资源，自古就有"莱子古国金黄县"的美誉。改革开放 30 多年来的龙口工业，一直扮演着区域发展的主角，一批附加值低、能耗高、核心竞争力不强的传统产业规模迅速扩张，成为制约其生态转型的瓶颈。为避免一业独大、矿尽城衰的资源诅咒，早在 2005 年，在工业转型之际，龙口在确定《龙口市国民经济和社会发展第十一个五年规划纲要》时就提出龙口要"加快结构调整，优化产业布局，打造精品名牌，搞活园区经济，发展壮大能源、铝制品、汽车零部件、纺织皮革、化工建材、食品等六大产业集群，加快培育电子信息、船舶修造、海水淡化、生物制药等四大新兴产业，走科技含量高、经济效益好、资源消耗低、环境污染少、人力资源优势得到充分发挥的新型工业化道路"的发展方针，龙口人提出依靠科技创新、实现工业再造的发展理念。在此基础上进行高端纵向延伸、优势横向膨胀，建立骨干产业集群和优势产业链。

科技创新成为龙口加快转型升级、打造新型工业的重要手段。2007 年至 2011 年这五年时间里，龙口市累计完成技改投入 358 亿元，实施亿元以上技改项目 60 多个，工业再造取得显著成果。2011 年，龙口市高新技术产业产值达到 1117 亿元，比重达到 51.24%。丛林集团原来是一家小水泥厂，但丛林集团审时度势，决定引进开发大型铝型材挤压设备。他们经受住资金、技术、设备等严峻考验，投资 3 亿多元，用时 3 年之久，终于成功研发制造出了世界首台万吨铝型材挤压机。它的诞生，结束了我国高铁、动车、航空等高端领域由于没有大型铝型材挤压生产设备，高精度大型铝型材长期依赖进口的局面。到 2012 年龙口市政府意识到部分产业已进入成熟期、生产饱和期或衰退期之际，又提出新的产业战略转移，再一次调整新的产业布局，确定了大力发展新材料、新能源与节能环保、生物与新医药、先进装备制造、新能源汽车及其零部件等具有发展前景、增长潜力的战略性新兴产业。成功进行第二次转型的龙口市，突出新材料、新能源、高端装备制造三大战略新兴产业。开始围绕增强蓝色经济保障力，积极推进新能源、新材料、高端装备制造三大战略性新兴产业，并突出轻量化卡车系列产品和航天特种车生产。科技创新成为龙口加快转型升级、打造新型工业城市的重要手段。

2018 年，龙口市完成高新技术产业产值 1203.4 亿元，占规模以上工业总产值的比重达到 57.06%，全市创新活力持续增强。2019 年上半年完成工业技改投入 150 亿元，制造业主导产业主营业务收入占比提高到 85%，战略性新兴产业主营业务收入达到 230 亿元。（《2019 年龙口市政府工作报告》）

**4. 按照转型目标资源城市划分，城市转型分为文化城市转型、旅游城市转型、智慧型城市转型**

文化城市是历史的产物，以文化活动为主要功能，伴随文化发展出现人口聚集、市场繁荣、交通发达等趋势时，这类城市的商业、旅游服务及运输、工业等职能也应运而生，这就使一些文化城市向具有多功能的综合性城市发展或向其他主要职能转化。文化城市一般理解为是以宗教、艺术、科学、教育、文物古迹等文化机制为主要职能的城市。如以大学、图书馆及文化机构为中心的艺术教育型城市，如上海、南京、济南等城市；以古代文明遗迹为标志的城市：北京、西安、洛阳，转型后的枣庄等。

智慧城市就是利用先进的信息技术，实现城市智慧式管理和运行，对包括环保、民生、城市服务、公共安全、工商业活动在内的各种社会需求做出智能响应。我国正处于城镇化加速发展的时期，部分地区"城市病"问题日益严峻。为解决城市发展难题，实现城市生态转型，建设智慧市已成为当今世界城市发展不可逆转的潮流。

国内的像智慧上海、智慧青岛、智慧杭州等；国外的像韩国的"U-City 计划"、新加坡的"智慧国计划"等。

## （二）资源型城市转型的启示与路径

在全国资源型城市的转型中，各地取得了不同程度的发展，也取得了很多可贵的经验。

### 1. 发挥地区优势，抓住转型机遇

龙口市转型发挥了沿海优势。中央在"十二五"规划中提出了"发展海洋经济"大战略，龙口市紧抓契机，采用国际先进的水系通透、区块组团、离岸岛群等设计理念，在南山西海岸相继开工建设围填海工程，确定了建设总部基地新区、高端产业新区、度假旅游新区、低碳经济新区、绿色生态新区、创新城市新区的"六个新区"定位，大力推进贯彻落实"半岛蓝色经济区"发展战略。

淄博市的齐鲁石化布点既是机遇，也是积极向中央争取的结果。之后围绕石化产业链上下延伸，作为淄博市经济的"龙头"，石化产业至今仍保持巨大活力和规模。近年来，作为老工业城市，淄博市虽然成功转型，但作为老工业城市遗留的一些积弊，淄博市大力发展高新技术产业，积极创新思路，使经济很快走向复苏。2016 年淄博市财政收入位于山东省前列。

山西省大同市的自然条件并不十分理想，但大同市闯出了一条利用丰富的光照资源、风能资源，走新能源坑口发电、风能发电的新路，并将采煤沉陷区建成国家先进技术光伏示范基地。

韶关市依托东莞市，抓住香港、澳门的经济辐射契机，大规模地承接国际产业转移，成为著名的"世界工厂"，经济效益明显。

2. 资源城市在转型过程中，要重视和发挥中小企业的力量

资源型城市转型要解决内生力不足的问题，及早挖掘和培育转型后备力量。总的说来资源型城市越早转型越能把握城市发展的主动权，转型的成本相对来说也越小。因此在资源型城市转型的早中期，中小企业往往承担着资源型产业链延伸的不自觉使命，中小企业转型调头快，调整快，聚集民间资本的潜力大、能力强，能有效激活民间长期沉淀的存量资产，并能够迅速跟进、填补、创新国有资本退出的行业，善于向最有生命力的产业集中，有利于地区产品结构的高层次化调整和经济效益的最大化，在解决就业和新技术转化为生产力的过程中发挥着巨大作用，在资源型城市转型中，它们是新产业布局的重要后备力量。

3. 重视民营企业的发展

根据佩鲁的"发展极理论"，发展的形成需要三个条件：一是必须有具备创新能力的企业和企业群体；二是必须具有规模经济效益；三是必须有适当的周围环境，便于投资和生产。

由于国家优惠政策的扶持，我国的民营企业发展迅速，并承担着重要的经济角色，是创新驱动和资源型城市

经济结构调整的重要力量。经济发展排名靠前的省份都大力鼓励民营资本创业，扩张经济总量，并积极引导民营企业科技创新转化，提升产业竞争力。在经济排名前三的省份广东、浙江、山东，其民营企业的经济效益排名也遥遥领先。广东省有 50 家企业入榜，山东省有 46 家企业入榜。从 2018 年中国民营企业 500 强排行榜中我们可以看到，经济发达地区，民营企业发展迅猛，为当地的经济做出了巨大贡献，成为经济建设的主力军。如经济排名在全国领先的大省广东，2018 年，广东省经济的 53.8% 来源于民营经济，民营企业 500 强的营业收入总额为 244793.82 亿元，成为广东优化产业结构、扩大内需、保持经济稳定增长的重要基石。仅华为一家民营企业，2018 年就创造年销售收入 7212 亿元的成绩。浙江省更是依靠民营经济得以快速发展，制定了以"低小散"为主的企业结构，以面向中低端市场的劳动密集型产业出口为依托，以县域经济为主的区域结构的模式，实现了高速发展，超越经济排名曾居第二的山东省。作为资源大省的山东省，资源型企业积重难返，资本沉淀在钢铁、水泥、煤炭等固投资源型产业中，反而被拥有众多民营企业的浙江、江苏赶超。

相反，在 2018 年全国 31 个省市区 GDP 增速排名中，城市亟待转型、去产能任务最重的东三省，经济增速低于 5.7%（辽宁，吉林，黑龙江排名分别列入城市低速发展名单），而整个东北地区 2018 年入围 500 强的民营企业仅 14 家。经济发展相对缓慢的西部地区，整个地区 12 省入围民营企业 500 强的数量为 43 家，少于广东一个省的数额。曾经是我国重工业基地的代表，和共和国一起成长起来的国家重要能源企业——大庆油田、鞍山钢铁、长春一汽的东三省，处于经济增长低于速度 6.9% 的 5 个省份中（辽宁、山西、黑龙江、吉林和河北），其中辽宁以 3% 的增速位列倒数第一，并在 2016 年第一季度出现负增长（−1.3%）。

4. 政府要发挥主导作用，大力推进企业科技创新

根据熊·彼得"技术创新理论"创新就是一种新的生产函数的建立，即实现生产要素和生产条件的一种从未有过的新结合。并将其引入生产体系。创新一般包含五个方面的内容，一是制造新的产品：制造出尚未为消费者所知晓的新产品。二是采用新的生产方法：采用在该产业部门实际上尚未知晓的生产方法。三是开辟新的市场：开辟国家和那些特定的产业部门尚未进入过的市场。四是获得新的供应商：获得原材料或半成品的新的供应来源。五是形成新的组织形式：创造或者打破原有垄断的新组织形式。

创新并不仅仅是某项单纯的技术或工艺发明，而是一种不停运转的机制，只有引入生产实际中的发现与发明，并对原有生产体系产生震荡效应，才是创新。

科技创新是引领发展的第一动力。资源型城市的转型不仅是简单的规模扩大，产业结构的合理优化、产业科技创新能力也是实现城市生态转型的前提条件。在产能全面过剩的今天，仅仅通过传统生产要素的投入来维持经济高

速发展已经不太可能，科技创新驱动是唯一的出路，资源型城市真正实现内在、高质地转型升级，必须依靠科技创新。无论是资源成长型城市面临的生态转型、资源成熟型城市面临的产业链延伸、还是资源衰退型城市面临的新产业植入以及新主导产业扶持，都意味着新科技的竞赛。资源型城市转型的过程也是努力培育发展战略性新兴技术产业的过程，新材料、环保节能、新兴信息产业、新能源、生物产业、高端技术装备制造业和新能源汽车将成为未来经济的先导产业。资源型城市必须有意识地把握主动权，以新能源、新材料代替传统产业建立城市新的产业支柱。

　　成功转型的资源型城市，往往极重视企业科技创新能力的培养，把科技创新当作企业的生命。在成功转型的山东淄博市，一大批成长起来的民营企业成为国内科技创新遥遥领先的技术型企业。淄博作为一个老工业城市，在转型发展的关键时期，应对经济下行压力，加快新旧动能转换，推进供给侧结构性改革，一系列鼓励政策出台，推动科技创新，为加快转型发展提供强力支撑。为鼓励科技创新，自 2001 年起淄博市每年斥巨资（4000 万 ~5000 万元），奖励科技创新单位及先进个人。在奖励的榜单上，民营企业占比较大。

　　在优惠政策的推动下，一大批民营企业走上高科技发展之路。创建于 1987 年的山东东岳集团，自成立起，公司沿着环保、科技、国际化的发展方向，成长为中国氟硅行业的龙头企业，是亚洲规模最大的氟硅材料生产基地。

　　山东鲁阳股份有限公司，从20世纪80年代用小型电弧炉生产低档陶瓷纤维，到现在用世界先进技术生产高档陶瓷纤维，目前利用煤矸石废料生产优质节能材料，鲁阳公司年产8万吨高档陶瓷纤维，占全国耐火纤维市场份额的80%；年产12万吨保温陶瓷纤维，占全国工业保温材料市场份额的25%；新产品玄武岩纤维作为高端建筑保温材料，已成为建筑节能领域的新秀。拥有100多个产品品种，广泛应用于石化、冶金、建材、电力、机械、建筑等行业。集研发、生产、销售、应用于一体，能够为用户提供最优质的服务，创造超凡的价值。

　　山东鲁阳股份有限公司设有国家认定的企业技术中心、国家级实验室、博士后科研工作站、山东省陶瓷纤维工程技术研究中心，拥有124项专利、54项技术成果，自主研发的陶瓷纤维建筑隔热板、陶瓷纤维复合模块等四项产品被认定为"国家重点新产品"。鲁阳公司具备年产各类陶瓷纤维制品30万吨、玄武岩纤维制品10万吨的生产能力，连续多年在国内同行业中保持着规模、技术、品种与效益领先地位，并位于世界陶瓷纤维业前列。产品畅销全国，远销海外数十多个国家和地区，广泛应用于重化工耐火隔热、长输管网保温隔热、建筑防火保温、船舶防火，家用电器防火隔热，高温绝热等领域。

　　可以说淄博市能够平稳转型，增强企业核心竞争力，促进中小企业科技创新进步等一系列举措起了重要作用。

　　资源型城市浙江武义县的创新经验值得借鉴：他们提

出"生态发展、绿色崛起"理念，开发出宝石萤石项目，大幅度提高了萤石附加值，使得原来按吨出售的矿石，卖到宝石级别，思路创新是盘活资源型城市转型的一步好棋。

5. 激活民间资金，完善投资环境

美国经济学家麦罗纳德·金农和爱德华·肖，他们两人认为适当的货币政策在发展中国家能够发挥作用，甚至比财政政策更能够促进经济增长。政府要改变金融抑制政策，实施金融自由化政策。近十年全国民间资本增幅总量约30多万亿元，但由于体制性钳制，民间资本投资途径受限，大多数都作为沉淀资本沉淀在银行储蓄系统和不能创造新的社会价值的房地产，或各种商业投机行为中，如炒股、炒作农产品、赌石等短期趋利商业行为。实业产业反而空心化，最典型的就是山西、温州。因此，老工业区经济的振兴要创造良好的环境，鼓励民间投资向实业转移。国家和地方政府应加强民间投资立法和相关政策，妥善保护私人财产，大力发展民营银行，减低税率，营造全民创业环境，为民间资本投资构筑桥梁，激活民营经济的活力、引导资金流向，发挥民营企业促进社会转型的重要作用。枣庄市激励民间资金投资台儿庄古城旅游业建设，取得显著成效。通过启动激活民间资金2亿多元投资古城建设，以此为基础形成城市生态化的良性循环发展。

6. 新发展城市应反哺老资源城市，为衰退型资源型城市注入活力，平衡地区经济发展

　　根据技术选择理论，根据资源的相对稀缺程度或者比较优势，选择最优的要素投入比例。中华人民共和国成立后至改革开放，资源型城市为全国经济输血，提供了大量低廉的资源储备，改革开放后迅速崛起的新兴城市应当积极反哺资源型城市，为衰退的资源型城市注入活力。

　　中华人民共和国成立后，广东省韶关市曾是国家重要原材料和基础能源供应地，是"中国有色金属之乡"，并有"中国锌都"的称号，富藏锌、钨、钼、铅、铜、锑、铋、煤炭等 55 种已探明储量的矿产，韶关市市保有储量位居全省第一的矿产有 23 种，为国家经济建设做出了重要贡献。20 世纪 60 年代初，韶关市成为华南重要的钢铁、有色金属和机械基地。围绕当时丰富的矿产资源，形成了采、选、冶、铸、加工一条龙的产业体系。一批中央和省属企业韶钢、韶冶、铸锻总厂、轴承厂等相继建成投产并累计向国家提供煤炭 1.4 亿吨，铁矿石超过 6500 万吨，10 种有色金属合计超过 400 万吨。韶关市的煤炭、钢和铁产量在高峰时期分别占广东省总额的 68%、45.7% 和 80.4%。

　　然而 20 世纪 80 年代末，伴随经济高速发展，资源需求量激增，过量的开采使韶关市不堪重负，主要矿产资源铁矿、煤矿、铅锌矿濒临枯竭。经济停滞，被后起之秀东莞市、佛山市、中山市赶超。当这个为地区做出巨大贡献的城市面临转型阵痛时，广东省给予了政策和产业布局上的"反哺"。

　　东莞市在最近几年的发展过程中，一直把转型升级作为经济发展的核心，受港澳台的经济辐射，东莞市大规模地承接国际产业转移，成为著名的"世界工厂"，创造了世人瞩目的"东莞奇迹"。

自 2014 年以来，针对韶关市经济严重下滑的现状，广东省委特意制定了帮扶政策："健全利益分享、产业链合作、干部选派等帮扶机制，全面加强珠三角对粤东西北地区的对口帮扶。"富裕起来的东莞，将资金、高新技术和先进的管理理念引进韶关市，建成莞韶产业园区。

莞韶产业园区位于韶关市区西南部，将原来的中山三角（浈江）产业转移工业园、韶关工业园区和曲江经济开发区整合。韶关产业园不是产业的简单转移，而是根据地区特点，更注重对本土支柱产业链延伸的帮扶和招商引资，最终实现"产业兴韶"的目标。打造新兴支柱产业：铁深加工、能源电力、先进装备制造、新材料、特色轻工业、大旅游、大物流、大农业等八大产业。

富裕地区反哺老资源地区，东莞市和韶关市的成功经验可以推广到山东、东北乃至全国其他老工业基地。

# 第二章　资源型城市生态转型的设想

2008 年全球经济危机以来，各国竞相开展在生物、信息、空间和新材料技术等方面的竞争，发展低碳经济、循环经济、绿色经济已经成为发达国家抢占未来经济制高点的战略选择[①]。快速发展的工业化和城市化进程，使我国经济社会可持续发展也面临了环境问题的严峻挑战。"十二五"规划中我国就确定了实施绿色低碳发展的方向，党的十八大又将生态文明建设纳入建设中国特色社会主义的"五位一体"总体布局，并在《国民经济和社会发展第十三个五年规划纲要》中进一步明确了"创新、绿色、协调、开放、共享"的五大发展理念，因此，实现绿色发展也是我国应对经济新常态，实现创新发展的必然选择，资源型城市转型的目标必须是绿色发展。

2018 年 9 月 28 日，习近平在考察抚顺矿业集团西露

---

[①]单宝.欧洲、美国、日本推进低碳经济的新动向及其启示 [J].国际经贸探索，2011，（01）:11–17.

天矿，了解采煤沉陷区总体情况和下一步综合改造利用时强调："资源枯竭型城市如何发展转型是一个大课题，要认真研究，不能急，要一步一步来。在找出路的过程中，首先要把民生保障好，特别是要保障最困难群体的生活。我们发展经济的最终目的，就是为了让老百姓的生活过得越来越好。大家的生活都要过好，全面建成小康社会，一个也不能落下，一个也不能少。"

从 21 世纪初开始，资源型城市转型开始关注绿色、生态与生态转型。随着资源型城市不断采空和出现发展新态势，我国学者对资源型城市转型的研究领域也从研究产业结构、资源利用，向社会生活、环境改善等方面探究。对资源型城市研究，亦历经了从城市规划学和区域发展学向"城市化过程中出现的问题"、低碳城市、城市的生态转型、城市生态学方面过渡。

王宗仁、武子远等人提出"资源型城市发展的根本出路是建设生态城市"，以后陆续有学者开始研究资源型城市生态化转型。徐君高、厚宾、王育红研究了生态文明视域下资源型城市低碳转型战略框架及路径设计，从制定低碳产业框架路径、调整生态经济结构、加大金融支持力度等几个方面论证了生态城市建设。

马克教授等人主要从宏观层面总结了我国资源型城市转型的经验。体制机制创新、转变经济发展方式、着力解决民生问题、大力发展民营经济、环境整治和生态建设、中央财力性转移支付资金、招商引资和项目建设、营造良好的外部环境，是我国资源枯竭型城市十年经济转型的宝贵经验。

从以上内容可以看出，我国对资源型城市发展阶段的研究是逐步发展和完善的，学者关于资源型城市的转型发展阶段的观点具有普遍性，研究经历了从产业转型到从经济角度考量转型，再到绿色生态转型的过程，特别是研究适应我国国情的资源型城市向生态城市转型的发展路径逐渐趋向成熟。但目前关于资源型城市的综合性研究不多，特别是实践性综合研究文献不多。本书试图将国内经济发展较快的经济省份的资源型城市转型与东北、华北等地的资源型城市转型经验做比较研究，找出经济发展速度与资源型城市转型模式的规律性实证研究。

## 一、关于资源型城市的绿色转型

资源型城市主要指以矿产、森林等自然资源的开采、加工为主导产业的城市类型。我国现有资源型城市263座，其中118座面临转型。资源型城市的转型是一个世界性课题，"资源枯竭"后转型是每一座资源型城市都面临的不二选择。资源型城市不仅要避免"矿竭城衰"的发展轨迹，还要实现绿色发展的华丽转身。

"绿色发展"作为今后中国经济发展的基本理念，提出了将环境保护作为经济可持续发展的支柱发展模式。绿色发展的目标是要把实现社会、经济和环境的可持续发展作为经济发展的目标。绿色发展理念以绿色低碳循环为主要原则，以人与自然和谐为价值取向，以生态文明建设为基本原则。

绿色转型与一般经济转型相比，在社会、经济、环境、资源、产业、政府等方面存在显著不同。资源型的城市绿色转型不仅要避免"矿竭城衰"，更要注重绿色经济的实现；相比而言，绿色转型更注重资源的高效利用、生产过程对环境的保护，更加注重资源型产业社会体系的绿色重构，注重转型过程中政府角色的转换，通过约束和管理引导绿色发展。

## （一）绿色发展理念溯源及其相关研究

长期以来，发展经济与保护环境的冲突困扰着人类，以破坏生态环境为代价换取经济飞速发展，是人类进入到工业社会以后得出的惨痛教训。20世纪60年代后，伴随着工业化急剧发展，环境污染日益严重，能源安全和气候变化的威胁向人类发出警示。因此，资源型城市的转型发展，也开始摒弃20世纪以前的传统经济增长模式。1972年，美国人德内拉·梅多斯、乔根·兰德斯、丹尼斯·梅多斯合作编著了《增长的极限》一书，对西方工业化国家无止境追求经济效益的增长，忽视环境的承载力，高污染、高资源消耗的经济发展模式提出了严重质疑。这一时期的绿色生态理念主要集中在对污染的末端治理方面。1987年，世界环境与发展委员会发表了影响全球的报告《我们共同的未来》，这份影响全球的报告系统探讨了人类面临的一系列重大社会、经济和环境问题，分析了全球粮食、人口、物种、工业、资源、能源和人类居住等现状，提出有效利用和开发新资源，提高资源利用率，降低污染的理念。1989 年，《绿色经济的蓝图》一书的作者，英国环境经济学家皮尔斯首次提出"绿色经济"概念，指出要实现经济发展和环境保护的统一，通过对资源环境产品和服务进行合理估价，实现可持续发展。对资源型城市转型的研究也开始集中于"城市的可持续发展""低碳经济""城市生态学""知识型城市"以及"城市化过程中出现的问题"等绿色发展研究，并把发展绿色生态城市作为推动经济结构调整的重要目标，并达成共识：只有大力发展绿色经济，才能有效突破资源环境瓶颈的制约。

对于衡量资源型城市转型成功的指标体系，许多国家也开始倾向于应用"人文发展指标"，如"可持续经济福利指数""生态足迹方法"来衡量资源型城市转型的成功与否，提出了建立生态环境的新型发展模式，在资源承载力有限的条件下，将绿色生态、环境保护作为实现经济可持续发展的重要支撑。

中国有 263 座资源型城市，占全国城市数量的近一半。无疑，这些资源型城市是中国经济的重要支柱。

从 21 世纪初，中国开始重视资源型城市的转型与可持续发展问题，资源型城市转型被纳入国家战略。其中，改善生态环境是指导思想之一。2011 年，中国首次提出"绿色发展规划"，节能减排、气候变化成为国家核心发展目标和核心发展政策之一，绿色发展成为必须考虑的国内外制约条件和最大的限制因素。资源开采率低，矿区环境恶化依然严重，矿产业链条延伸短，矿产品附加值低廉的现象依然严重，发展经济与环境保护的矛盾长久困扰着我们。2013 年 12 月 3 日，首个针对资源型城市制定的《全国资源型城市可持续发展规划（2013—2020）》公布，这也是政府以国务院文件形式发布的第一个专项规划。

我国的资源型城市研究经历了从城市规划学和区域发展学向"城市化过程中出现的问题"、低碳城市、城市的可持续发展、城市生态学方面的过渡。2001 年李国平等学者进行的国家自然科学基金资助项目《夕阳产业地域的形成、演变与持续发展研究——以东北为例》，研究了我国以矿业为主的资源型城市在各个生命周期的特征。此后有多位学者如曲建升、高峰、丁湘城、张颖等从城市转型模式、生命周期理论、城市转型政策等方面对资源型城市转型进行了研究。在我国，绿色发展、生态城概念引起关注是在 21 世纪初，2001 年王宗仁、武子远等人提出"资源型城市发展的根本出路是建设生态城市"。以后陆续有学者开始研究资源型城市生态化转型。张岩在《资源型城市发展破题》一文中指出，实现资源型城市的可持续发展目标，必须破解经济社会发展中存在的机制性、体制性矛盾，而破解的根本出路是改革。2014 年，徐君高、厚宾、王育红研究了生态文明视域下资源型城市低碳转型战略框架及路径设计，从制定低碳产业框架路径、调整生态经济结构、加大金融支持力度等几个方面论证了生态城市建设。在城市发展测评方面，清华大学与中国人民大学生态城市课题组选取 4 个城市（广州、宁波、苏州和扬州），对城市可持续发展进程进行评估研究，并进行城市生态足迹案例研究。佘正荣先生从生态伦理学范畴、生态伦理学传统、生态人文素养等方面多角度研究了生态文化。陈霞、陈云、陈杰探讨了道教生态思想，陈红兵教授等人则从挖掘中国传统文化中天人和谐理念的角度，阐述了中国传统社会生态和谐的观念。

2019 年学者关于资源型城市转型研究更加具体地落实在各资源地区的转型路径研究上，郑文含探索了绿色发展——《资源枯竭型城市转型路径探索——基于徐州市贾汪区的实证》，曹富国等人对资源型城市转型升级路径进行了分析，张晖研究了公共服务供给侧改革与资源型城市转型路径，宋铁勇等人研究了开发区模式——东北资源型城市转型路径演变与修正；徐君则从供给侧结构性改革驱动角度研究了资源型城市转型的战略框架及路径设计。

可以看出，我国对资源型城市发展阶段的研究是逐步发展和完善的，学者关于资源型城市发展阶段的观点，具有普遍性，但多数是从技术路线着手研究，如城市资源开发周期的特点，科技创新、经济社会的发展给资源型城市带来的影响等。而且大多都是参考国外早期的相关研究成果，如资源型城市生命周期理论，生态城市理论，知识型城市理论，再结合我国资源型城市实际情况进行特征阐述和应用，生态城市实践方面的落实也有待进一步体系化，特别是要研究适应我国国情的绿色城市发展路径。

但以上研究缺乏从人文精神入手研究中国人文精神对城市发展影响的相关性实证研究。既没有考虑近一百年来我们向西方学习遗留的恶果和影响，也没有考虑不同经济体制下资源型城市转型发展周期及转型方式的不同，没有深入研究从哪种视角去探索平衡经济利益与发展矛盾。虽然一些学者研究传统生态观的当代价值，但人文精神与资源型城市绿色发展相关的实证研究比较缺乏。

## （二）思想观念对中国绿色生态发展的影响

文化与经济发展的内在联系，一方面可以推进和加强经济向前发展，另一方面也会阻滞甚至破坏经济的发展。人文理念重要的内容之一，是关于人与自然关系的理念，伴随着人类文明的产生与发展，该怎样对待我们生存的环境？人类应该以怎样的方式生存？资源型城市绿色转型也不仅仅关乎资源型城市自身发展，它和中国人的思想观念密切相关，如不把绿色发展看成涉及整个社会、文化、经济的系统工程，资源型城市绿色转型将流于肤浅的口号。人们的生活方式不改变，资源型城市的绿色发展便无从谈起。

## （三）绿色发展观走向成熟

改革开放三十多年来，拉开了现代化中国崛起的历史序幕。中国在世界上的影响力越来越大。制定中国长期发展战略是面向 21 世纪的中国国情。中国的发展模式经历了三次重大调整：从计划经济时期到经济转轨时期，再到社会主义市场经济时期，经济发展模式经历了黑色发展到绿色发展的战略创新。实践证明，21 世纪中国崛起的必由之路是追求具有中国特色的绿色发展。党的十八大以来，我国更加重视绿色发展，为我国解决严重的生态环境问题指明了方向。

十八届五中全会"创新、协调、绿色、开放、共享"五大理念的提出，标志着绿色发展观走向了成熟，并继续向前发展。这既是对以往生态文明发展的继承，同时衔接了时代社会经济要求，具有浓厚的时代性。"五大发展理念"的提出，是在国际社会绿色发展潮流中同时面临着国内生态环境遭到严重破坏的情况下形成的，是对马克思主义绿色发展思想的丰富和发展，对可持续发展和科学发展观的继承与发展，有利于中国特色社会主义市场经济的健康运行，具有独具特色的内涵观点。

*1. 绿色发展观的理论内涵*

党的十八大在研究国际国内生态环境和国民经济发展状况的基础上，响应人民对美好生活的新期盼，提出了绿色发展观，并着力建设一套新的制度理论体系。绿色发展观具有丰富的理论内涵，进一步丰富了自然发展规律、社会建设规律和党的执政规律的认识，提出了绿色发展的思想。绿色发展观的基本要义是坚持绿色发展为第一要务，以人民为中心，以科技创新为基本手段，以供给侧结构性改革为发展路径。它科学系统地回答了我国的社会主义如何发展、为谁发展的重大时代命题。

（1）以绿色发展为第一要务

我们要正确处理生存、健康与发展的关系，促进社会经济又好又快地发展。我国面临着严重的生态环境问题，保护生态环境就是优先考虑人民的生存与健康。所以，绿色发展需要从绿色惠民、绿色富国做起。

第一，绿色惠民。社会经济发展要以人民为中心，从人民在乎的、关心的根本利益出发，维护好人民的根本利益，发挥广大人民的主观能动性，促进社会发展。美丽环境是人民对健康生活的需求，是人民根本利益的重要组成部分。绿色惠民展现了绿色发展依靠人民，绿色发展成果由人民共享的理念。一是维护生态环境构建良好的发展平台，提高生产力，提升广大人民的生活质量。绿色发展要求全面地发展，协调地发展。二是为人民提供更多的绿色环境。"十三五"规划明确要求"丰富生态产品，加大对风景、公园、湿地等的保护力度，适度开发公众休闲、旅游观光、生态康养服务和产品"。人民才得以健康地生活在蓝天下。

第二，绿色富国。"绿色"是发展具有的特色和方式，"发展"则是全面的发展，是绿色理念最终的目标。离开"绿色"谈"发展"，发展将走入死胡同；离开"发展"谈"绿色"，绿色将会进入游离状态，找不到存在的理由。

绿色与发展两者是统一的，割裂或者否认两者的关系，将会把社会发展引向歧途。因此，在绿色发展的指导下，推动生产力的发展，是社会发展的根本要求，是广大人民的强烈需求。坚持绿色发展理念着重推动生产发展。承认过去社会经济取得的辉煌，也要面对辉煌背后留下的遗憾。新常态下经济发展，坚持绿色富国原则，打造绿色产业升级，构建良好生产发展体系，促进国家富强、人民幸福。为了让社会经济在美好环境的保护下健康发展，就需要坚定绿色强国原则。经济发展进入新常态时期，全力使经济向绿色方向实现转型升级。以循环、节约的方式促进企业向绿色方向升级，实现资源能源的集约化生产。打造一个绿色产业生产链，在生产、销售环节突出绿色概念，走出一条质量高、污染少、环保好的工业化道路，走出一条绿色强国之路。绿色惠民、绿色富国，体现了党坚持以人民为中心，坚持把人民的利益放在首位；体现了我国社会主义制度的优越性，为人民创造良好的生活环境。

（2）坚持以人民为中心的思想

我国在资源能源日益短缺的情况下，要转变经济发展方式、自然资源开发利用方式，改变以往过度依靠"自然资源"发展的模式，否则最终损坏的还是人民的利益，给人民的生活带来了不便的影响。以人民为中心，是党的工作出发点和落脚点。它为绿色发展的推进，找到了依靠的力量。首先，坚持一切为了人民的基本立场。一个发展理念的提出，要有明确的立场。全党致力于推进社会主义建设，不是为了自己，而是为了人民，这是马克思主义执政党的立场。在经济快速发展的基础上，促进人的全面发展，就要协调经济发展、生态发展、文化发展。党的一切工作都是为了让人民过上好日子，党的革命、建设和改革都是为了让人民过上好日子。好日子的内涵是非常丰富的，既包括精神生活，也包括物质生活；既包括经济生活，也包括享受蓝天白云。要让人民过上好日子，归根到底，就是要创建一个让人民满意的生活环境。坚持绿色发展，充分体现了为了人民的基本立场。绿色发展、生态文明与经济、政治、文化、社会建设融为一体，是"五位一体"战略总布局的需要。其次，发展依靠人民。人民群众是社会历史的推动者。中国共产党时刻不会脱离人民群众，也不会忘记人民群众的作用和力量。坚持绿色发展只有依靠人民群众的力量，才能从基层、从根本上改变社会经济发展方式。发展依靠人民，回答了绿色发展的主体是谁，发展的依靠是谁的问题。用正确的理论指导人民，使之转化为强大的物质能量。若是让社会发展充满活力，就要始终坚持尊重人民的积极性、创造性，发挥广大人民的智慧力量。绿色发展的目的就是为了让人民群众满意，所以，其发展结果要经得起人民群众的检验，经得起实践的检验。实施绿色发展观念就是坚持以人民为中心，做好人民关心的事情、人民在乎的事情。以人民为中心，不是你传我、我传你的口头禅，是让大家接力实现广大人民利益的现实行动。提高党的执政能力和思想理论水平，将促进人民的全面发展内化为内心的自觉活动，让人民感觉到团结在党的周围有幸福感、获得感。促进人的全面发展，积极解决人民面临的问题，顺民心、顺民意，知人民的冷暖，重视人民的需求。

（3）以科技创新为基本手段

科学技术作为第一生产力，对社会经济的各个方面产生着深远影响，在社会发展中具有不可替代的作用。绿色发展观在促进经济稳定发展的同时，可以维护良好的生活环境，实现人民的利益。首先，走科技强国之路。科学技术是第一生产力，能对生产、生活产生巨大影响。我国在科学技术发展领域虽然取得了显著的成就，但与发达国家相比还存在相当大的差距，核心技术不够先进，自主创新能力不强等这些科技领域的问题是我们推进科技创新的瓶颈，也是我国社会生产力发展的障碍。绿色发展观特别强调科技创新，坚持科教兴国战略、提升全民素质，从根本上全力打造科技强国，抢占科学技术制高点。绿色发展以马克思主义科技观为理论出发点，结合国内科技发展实际情况，指出一系列科技创新策略，走循环经济、低碳经济、安全经济道路。科技创新体现了我国社会主义的本质要求，为实现我国现代化建设、中华民族伟大复兴做出了巨大贡献。其次，改革科技创新体制机制。我们要摆正推进科技发展的态度，深入科技研发，加大资金和人才的投入，鼓励广大人民自主研发，推动科技体制改革。突破旧机制和传统思想的限制，科技创新才能顺应社会主义市场经济发展的需要，才能迎合经济运行规律。我们要坚持正确的指导思想，以马克思主义生态科技观为行动指南，以中国特色社会主义制度为依靠，打开创造空间，突破科技发展创新的瓶颈。绿色发展观将改革创新作为引领，把改革创新当作科技发展的动力，把科技体制机制的改革作为科技发展的政策依靠，着眼于全国科技的发展，从科技领域引领社会经济的绿色发展。改革科技创新体制有利于充分发挥创新的积极性。绿色发展需要科技支持，需要不同的发展主体发挥不同的作用，需要调动其积极性，同时也要防止主体的越位与缺位，实现科技创新。以科技创新为基本手段，推动绿色发展，这标志着进入了一个全民绿色发展的新时代，在全社会树立了生态文明新风貌。

（4）以供给侧结构性改革为发展路径

供给侧结构性改革，是适应和引领经济发展新常态的重大创新，是国际金融危机发生后适应综合国力竞争新形式的主动选择。它注重协调供给与需求之间的关系，尤其是市场经济的供给与需求之间的关系。推进绿色发展，解决好经济发展与环境保护之间的矛盾，离不开对市场经济的供给与需求进行调整。我们通过循环发展、低碳发展和安全发展，协调资源供给与美好环境需求之间的关系，实现绿色发展。首先，循环发展。市场经济不能离开自然界独自运转，需要自然界为其提供生产发展的资源。传统的经济发展方式造成大量的生产过剩、产能过剩、资源浪费，供给与需求不平衡，导致产生严重的生态环境资源问题，阻碍生产力的发展。面对"黑色发展"的制约，必须建立生态环境良好的社会，着力打造循环经济的发展模式，改变当前的经济发展格局，党的十八大提出"形成节约资源、保护环境的空间格局、产业结构、生产方式、生活方式"。发展循环经济是经济发展模式的转变，摆脱对原生态资源的过度依赖，有效解决了资源浪费问题。循环经济在实现绿色发展中起着关键和不可替代的作用，是实现资源化的重要经济模式。党的十八大提出："要大力发展循环经济，促进生产、流通、消费过程的减量化、再利用、资源化。"建立能耗低、资源利用效率高、环境污染少的循环经济型社会，推动供给侧结构性调整，对实现绿色环保起着至关重要的指导作用。其次，低碳发展。在发展过程中，低碳经济必然体现着绿色发展的要求。推动低碳经济发展，市场经济发展就提升了资源利用效率，减少了资源的浪费，增加了资源可回收利用率。低碳发展也可以用一些自然能源，如风能、潮汐能、太阳能等都属于低碳发展模式。清洁能源的开发在一定程度上弥补了自然资源的不足，为人类社会的持续发展提供后续力量，也是人们合理开发自然资源的一种形式。在我国社会经济发展之中，低碳发展是对自然资源和能源紧张状态的一种缓解，是对市场经济供给与需求矛盾的一种缓解，是人民对自然资源需求时效的延长，也是建设美好环境的要求。低碳发展是对自然资源的保护，对自然环境的维护，对人民身心健康的保证，坚持低碳发展为促进供给侧结构性改革、为绿色发展增加了新的内容和形式。以供给侧结构性改革为发展路径，通过循环发展、低碳发展，处理好市场经济供给侧与需求侧之间的关系，推动市场经济又好又快发展，即市场经济的绿色发展，为我国生态文明建设铺垫了一条前进的道路。

## （四）资源型城市绿色转型的建议

政府合理规划，积极推进本地资源型城市转型绿色接续产业。资源型城市的绿色转型，其关键在于科学培育和选择接续替代产业。接续替代产业应体现绿色城市的大理念，政府在强调从地方实际出发的同时，应大力支持低能耗产业发展，坚持以绿色生态城市建设为导向，着重建立生态科技创新转化风险承担机制。在产业布局上，在资源型城市发展早期，就应着眼于城市科学规划、产业布局、合理论证、多方选种，构建未来城市稳固的绿色生态产业框架。首先，政府应从理论层面反思制度与生态经济发展之间的关系。其次，政府必须认真搞好调查研究和科学定位，避免决策的随意性。最后，政府应实施绿色产业援助政策，并制定相关法律法规，以引导经济发展；发挥地方政府在产业转型中落实者、推动者的作用，编制切实可行的绿色转型规划方案、营造地方经济的绿色发展环境、制定与实施经济的绿色转型发展战略。

在资源型城市绿色转型时期，既要利用自身的优势来弥补自身的不足、吸引新兴产业和企业前来投资，从而调整资源型城市产业结构，也要加强对相关投资企业的管理，注重城市的全局利益和社会效益，实现政府和企业之间的良好互动与合作，降低资源型城市转型成本，以达到利益均衡，从而形成政府和企业的双赢机制。

1. 国外资源型城市绿色转型经验的借鉴

无论是发展中国家还是发达国家，仅仅依靠市场自发机制很难完成资源型城市的绿色转型。为实现资源型城市绿色转型，许多国家设立了专门机构，制定城市或地区绿色转型的长期规划。发达国家对资源型城市的改造振兴，非常重视技术和资金的投入。从德国鲁尔区和美国休斯敦等资源型城市的转型发展来看，政府在其中所发挥的主导作用尤为关键。欧盟成员国和美国等国家设立专项基金供鲁尔、休斯敦等资源型城市经济转型使用。这些国家依靠较高的投入和强大的经济基础，大力形成资源型城市的多元化经济，从而实现了高起点转型。

美国、英国、法国、德国等许多国家的政府部门中，都有管理资源型城市发展的职能，政府主动承担矿业开发造成的社会和环境的历史责任，对指导资源枯竭城市的发展收到了良好的效果。这些政府部门专门研究资源型城市转型和发展的基本规律，修改完善资源的法律法规；充分调动资源型企业的积极性，尽早确定接替资源；制订资源型城市产业替代发展和改造的规划、战略，研究促进资源型城市社会、经济、科技发展的具体政策，指导资源型城市的可持续发展；充分调动资源型城市绿色转型的积极性，用资助和零利率贷款等优惠和激励政策引导社会资本进入老型资源型城市创业，切实寻求接替产业，大力发展资源型城市的高新科技产业和第三产业，形成产业替代，建立现代资源体系；政府对剩余资源重新评估并加以利用，寻求资源效益和环境效益相统一；限制某些矿业的开发，扶持绿色的接替产业，建立资源枯竭城市转型基金，形成资源枯竭城市转型的生产补贴机制，如环保资助、价格补贴、税收优惠、资源收购、投资补贴、矿工补贴（主要是退休金补贴）、研究与发展补助等；实施资源型城市生态环境整治工程，坚持"谁污染、谁治理；谁开发、谁保护；谁破坏，谁恢复"的原则，着力整治环境污染，加快各种生态灾害的综合治理。通过环境整治和生态保护，净化"污染的水体，污浊的空气，充满煤灰的土壤"，建立资源开发和生态环境补偿机制，建立循环经济发展保障机制，确立资源型城市城救哺机制，建立实现"生态城市"的长效机制，综合运用命令控制型政策和经济手段，加强矿业的环保税收管理和产权管理；实施"绿色城市"工程，做好植树造林、封山育林、退耕还林和土地复垦等生态环境保护与恢复治理工作，发展生态农业和生态旅游业。

2. 充分发挥政府在资源型城市绿色转型中的主导作用

我国资源型城市在转型过程中，可先由政府建立专门的组织机构，制定总体的发展规划和具体的政策措施，然后在不同地区的资源型城市设立专门的职能机构，负责制订相应的具体规划，同时应建立一个单独的具有直接行政管理和处罚权利的职能部门，对资源型城市转型过程中各职能部门进行审核考评，以提高行事效率。政府应制定新的资源产业绿色转型发展方针，调整和出台相关的绿色产业政策措施。将资源产业作为基础产业，改造提升现有资源产业，转变经济破坏性增长方式，走技术改造和精深加工之路，延长拓宽绿色产业链条，以此带动下游绿色产业发展，尽快调整和制定同资源型产业绿色发展相关的政策措施，如税收政策、投融资政策等。此外政府还应当从以下几个方面着手，为建设绿色城市奠定良好基础。

（1）从理论层面反思制度与生态经济发展之间的关系

长期以来，我们研究借鉴国外资源型城市转型经验，都有意无意地回避从制度上反思自由经济的恶果：在马克思看来，自由经济无序发展，导致社会盲目追求经济效益最大化；而无度开发，是资源严重破坏的根本原因。社会总资源的分配问题是任何政府都必须面对的一个基本问题。在资源型城市发展转型过程中，政府如何将社会总资源配置按可持续发展的理念进行全局分配，就显得尤为重要。

（2）发挥政府引导职能

政府应着力构建起有效的人才、信息、知识产权、投融资、法律等一批服务于生态文明建设的公共平台，形成政府与企业相互协同工作的新局面，科研创新是资源型城市降低转型成本，实现绿色转型的前提和保障。实现科研院所、高等院校生态科技成果转化，推动中小企业产业生态化发展，从而降低能耗，减少对环境的破坏，提高产品附加值，提高企业竞争能力，建设绿色、生态、可持续发展的城市。

①科技方面

地方工作必须强调从地方实际出发，支持低能耗产业发展，坚持以绿色生态城市建设为导向，着重建立生态科技创新转化风险承担机制。

②产业布局上

在资源型城市发展早期，就应着眼于城市的科学规划、产业布局、合理论证、多方选种，培育未来城市稳固的绿色生态产业框架。

建立法律体系和高新科技产业导入的专门机构，改善环境，吸引生态投资，促进技术转化，制定政策扶植高新生态技术产业扎根、发展、壮大。

3. 大力弘扬传统文化中优秀的绿色生态理念

人对自身的认识既决定着他对待外部世界的评价，也决定着他对待现实世界的行为。我们现在的任务，一方面应当着手研究传统文化中的生态观，另一方面应当大力宣传中国传统文化中的科学环境理念，提高文化自信力。要挖掘并发扬中华民族传统生态文化中优秀、合理的成分，将绿色生态理念、可持续发展观与可行的实践经验相结合，树立正确的绿色生态自然观，探寻社会发展需要的生态保护模式，普及绿色生态伦理道德教育，改变生活态度和方式，大力提倡低碳生活，提倡节俭自制的生活理念，将环保意识落实到生活实处，提升人们的生态文化素养，共同创造人与自然和谐共处的美好明天。

## 二、生态观的传统与借鉴

绿色发展是今后中国经济发展的基本理念，即以人与自然的和谐相处为价值取向，以绿色低碳循环为主要原则，以环境保护、可持续发展作为经济发展的支柱。生态伦理观再一次成为人们关注的焦点。生态伦理学的概念最早是西方人提出来的，但事实上，东方早在两千年前，就有多位思想家提倡"天人合一"、顺从天命等生态理念，并且这些生态观念一直应用于生产实践。近现代以来，由于环境恶化等问题屡屡出现，西方学者提出生态伦理和环境伦理等概念，开始关注并认同东方传统文化中古老的生态智慧，且着手对其进行研究，如美国整体伦理学家 J.B. 科里考特将老子思想称为"传统的东亚深层生态学"，认为生态伦理应"回归"到东方的传统文化中。本书探讨的东西方生态观发展的脉络与碰撞，为当今社会发展绿色经济、提升生态意识提供了理论依据和文化自信。

### （一）生态伦理学理论的流派及争论

在西方传统观念中，占据主导地位的一直是人类中心主义观。人类中心主义观主张人是万物之长，万物都应当为人的价值实现而存在，一切价值都是为人的利益而产生并存在的。"我思故我在"是人类中心主义最经典的哲学表述，他们认为，人有"自我意识"，有权决定一切价值，人是最高贵、最优越和最终的目的。一切皆以人为中心的价值的结果是，人类不得不面临日益严重的生态危机：随着工业社会的不断发展，在现代化的冲击下，人与自然之间的疏离和对立不可避免地加剧了，人口爆炸，人类无度向自然界索取，生态问题变得日益突出。生态的深度危机频繁发生：相继出现"温室效应"、大气臭氧层破坏，气候变暖，南北极冰山融化；热带雨林锐减、生物多样性消失；酸雨污染、二氧化碳浓度增加、有毒化学物质扩散；土地以每年 3000 多平方千米的速度迅速沙漠化；水资源污染和短缺严重等十大全球性环境问题，使得地球的生态平衡受到了严重的威胁，不仅使人类的物质生存受到威胁，人类的精神生存也同样受到威胁，人类发展陷入了双重困境。生态危机不只是生态本身失衡，还涉及人类的思想意识、行为方式和道德法律等与人们的伦理有关的问题。面临日益严重的生态问题，要使人类走出目前的生态困境，人类必须反思被现代工业文明强化的人类中心价值观。在这种背景下，生态伦理学应运而生。

生态伦理学主张人类与自然界和谐相处。"人类作为自然界系统中的一个子系统，与自然生态系统进行物质、能量和信息交换，自然生态构成了人类自身存在的客观条件。因此，人类对自然生态系统给予道德关怀，从根本上说也是对人类自身的道德关怀。"生态伦理学突破了仅仅关注如何协调人与人的关系的传统伦理学，把自然界纳入伦理学的研究对象，重新审视和研究人与自然的关系。生态伦理学要求人类应追求与自然和谐共生的可持续发展价值观，放弃掠夺自然和盘剥自然，这对于当今解决环境问题具有重要意义。人类中心主义与非人类中心主义是生态伦理学的两个派别。

因生态伦理学建立的自然界的内在价值和自然界的权利观缺乏逻辑价值命题上的伦理依据，环境伦理学应运而生。环境伦理学认为，人的价值寓于自然界的价值之中，二者是包含与被包含的关系，实现人类的价值的前提是自然界的存在性价值和消费性价值获得协调发展。环境伦理学更倾向于解决人类的生存悖论，诸如人类面临严重环境危机、人与自然处于极端对立状态等，其理论基础是关于人类如何生存的伦理思考。

随着生态危机在全球范围的加剧，人们不得不反思人类与大自然的关系这一古老的哲学命题，并重新认识自然生态系统对人类自身的意义和价值。当代生态伦理观念的产生，以一种新的思维方式和视角对当代社会进行全新观察，表现出人类对自身发展的一种理性批判精神，帮助人类从根本上反思和克服现代文明所带来的种种弊端。

被视为现代生态伦理学奠基之作的是法国哲学家施韦兹的《文明的哲学：文化与伦理学》，这篇文章于1923年发表后，就受到人们的关注，引发了人们对生态伦理问题的思考与探究。其后，美国学者奥尔多·利奥波德从整体主义立场出发，他把人与地球视为统一的共同体，提出了大地伦理学思想，认为"地球是一个生命的有机体，我们是大地共同体的一部分，人类从属于大地。人类在使用地球时，应对大地母亲保持敬意和敬重"。这个理论最具原创性的内容是："人的任何活动，如果有利于保护生命共同体的完整、稳定和美好时，它是正确的；反之，就是错误的。"

美国人蕾切尔·卡逊在1962年提出绿色发展理念，他发表《寂静的春天》，反思了传统工业文明对环境造成的破坏，引起人们对环境保护的高度重视。20世纪70年代联合国教科文组织发起的"人与生物圈（MAB）"计划，提出"生态城市"概念，立刻受到广泛关注。1983年，联合国"世界环境与发展委员会"成立，研究世界面临的问题及应采取的战略，并于1987年发表关于人类未来的报告——《我们共同的未来》，提出有效利用和开发新资源，降低污染、提高资源利用率。之后绿色经济又受到人们关注，英国环境经济学家大卫·皮尔斯在1989年出版的《绿色经济的蓝图》一书中正式提出并阐释了"绿色经济"概念。

从人文精神考量经济发展，到人类中心主义和非人类中心主义，西方经历了理论上的漫长论证，之后弱人类中心主义受到关注。人类目前对地球造成的破坏，引起西方当代环境伦理学以及国际社会绿色运动组织的关注，不同的团体提出了各种保护环境的措施。在西方国家兴起并持续多年的关于人类中心主义与非人类中心主义之争论，发展中的中国同样也出现了这种理论困境。

人类中心主义关注和强调的是在人与自然的价值体系中，人与自然属于主客体关系，作为主体的拥有意识的人类是一切活动的目的；衡量处理人类自身关系与外部生态环境的根本价值尺度是能否保障人类的利益实现的前提，在自然与人的关系中要将人类的利益放在首要地位；自然只是起到工具性作用，只服务于人与人之间的关系。

非人类中心主义则主张反生产、反技术、反增长，反对一切工业社会的主流发展模式，反对任何形式的人类中心论，提倡"回到丛林去"的自然主义世界观，认为，人类中心主义是生态环境污染的罪恶之源。他们的学派都可以归纳为生态中心主义，如大地伦理学、动物权利论、生态女性主义、深生态学、生物区域主义等。这种"唯生态论"立场发端于20世纪90年代以前，也被称为生态中心主义。这种认为"砍树就是毁林，就是破坏生态"的思维，忽视了人的需求和发展，是对绿色运动的一种误解，显然不切合实际。故20世纪90年代后，有些生态社会主义者提出，马克思关于改造自然的人类中心主义观点，是将自然利益和人类利益统一起来的一条理性之路。

之后出现的弱人类中心主义强调，在承认人的利益的同时应当肯定自然存在物有内在价值，而对人的需要做某些限制。人类在满足生存和发展的需要的同时，应该有选择性地满足自身的需要，根据理性来调节感性的意愿，反对将人的利益和需要绝对化，主张对人的需要和利益进行理性的把握和权衡。自然物也有内在价值，它们不只满足人的物质需求，还能丰富人的精神世界，在承认人的优越性的同时，应承认其他有机生命，并从道德上关心它们。

严格地说，深层生态学应该被理解为深层追问的生态学，因为它强调的是"问题的深度"。深层生态学之所以是"深层的"，是因为它对浅层生态学不愿过问的根本性问题提出质疑并不断追问。

## （二）生态主义对人的价值观的重塑

在生态主义视野中，21世纪的人的价值观应该成为一种生态价值观，因为人类需要构建一种人与自然的新型关系，即人与自然的协调发展关系。笔者认为，生态价值观至少应包括以下几个方面。

### 1. 强调对自然界的义务的环境保护价值观

环境保护价值观正被越来越多的人们接受，它肯定我们赖以生存的自然环境是值得保护的，这不仅是对自然价值的承认，也是人类对自然界应该承担的责任和义务。

### 2. 强调对未来后代的责任的关怀的未来价值观

关怀未来价值观承认赋予子孙后代以权利的合理性，确认当代人和未来人之间存在着道德问题，当代人对后代负有责任和义务。我们有很好的理由相信未来后代将会存在，他们也会有我们可理解的和可预计的重要的利益。

### 3. 强调非人类中心主义的自然价值观

非人类中心主义的自然价值观试图通过批判和超越只有人类才具有内在价值的传统价值观，对价值概念重新界定并将价值扩展到整个自然界和生态系统，从而开阔了我们的思维，丰富了我们的思想价值。它有利于重新认识和评价人与自然的关系。

### 4. 强调人与自然关系平等的环境平等观

环境平等观主张人与自然之间的平等关系，将环境平等的范围从人与人之间的关系扩展到人与自然的关系。只要人承认自然也是价值主体和权利主体，那他就不得不承认人与自然之间是平等关系。人类绝对不是自然的主宰者或中心。人类要尊重自然、善待自然。

### 5. 强调实现人与自然永续发展的可持续发展观

可持续发展的价值取向是人与自然、人类社会与生态环境的和谐发展。它追求的是人与自然的和谐统一。我们从生态价值观的视角将可持续发展观看作是一种和谐发展观。它是兼顾经济、环境和社会，以经济可持续性、生态可持续性和社会可持续性三者统一，即"人—自然—社会"以系统可持续为基础的和谐发展。

（1）对人与自然关系的重新界定

后现代生态文明是人与自然和谐统一的新文明，它要求21世纪的人类从根本上转变人与自然关系的思维模式和人是自然的征服者态度和价值观。生态主义视野中的人的价值观是倡导人与自然和谐发展的生态价值观，这种新的价值观对重新塑造人与自然和谐共存发展的新型关系具有十分重要的意义。生态主义的兴起与发展正是对人与自然关系界定的根本性转变。如果21世纪的人类真能把生态主义原则作为自己价值观的组成部分，积极践行这种生态价值观，则生态危机就能从根本上被真正克服，人类与自然和谐统一的新局面才有望到来。

（2）对生态主义的意义的评论

生态主义作为 20 世纪 70 年代的一股广泛的政治和哲学思潮，不只具有政治的功能或意识形态的一面，它作为一种激进环境主义，与非人类中心主义、女权主义、后现代主义纠缠在一起，并涵盖和影响了科学、艺术、伦理、宗教等诸多领域。它的影响范围也不仅限于西方社会，它对东方社会同样产生了广泛而深刻的影响。如"中国生态主义宣言"的作者王晓华就分别从官方和民间两个层面以及实践、文化、信仰三个层面考察了生态主义在中国的发展和影响。生态主义对印度同样具有重大的影响，从而激起了印度学者拉马强德儒·古哈站在第三世界的立场上批评美国激进的环境保护主义和荒野保护。因此，生态主义作为最初兴起于西方社会的话语已经强有力地渗透到了全世界各个国家的话语环境之中。生态主义虽然在欧美表现得比较活跃，但并不会掩盖它的某些普世性乃至前瞻性的价值（如生态价值观），因而生态主义对人的价值观的重新塑造及人与自然的关系的重新界定产生了深远的影响。

综上所述，生态中心主义阐明人类生态危机的根本原因在于自近代以来建立在人类中心主义立场上的工业文明的崛起及其发展模式，而对传统工业文明的历史性超越就构成我们摆脱全球生态危机的切实出路。不仅如此，生态主义通过新的价值观的确立，把对既存工业文明弊端的克服变成一种生态文明的创造。生态主义首先是一种哲学，其次才是一种政治。生态主义本质上是一种生态价值观，它要求人类真正超越个体或局部利益至上的价值观以达成对自然界与整体利益的尊重和维护。生态主义是一种生态意识，也是一种地球意识，是对我们生存的这颗蔚蓝色星球的发自内心的珍视。随着人们在 21 世纪逐渐认同和接受新的生态价值观，"人类作为守护者和成全者的形象必将代替他所是的征服者和剥削者的形象"。人与自然的关系就会走向和谐统一的新局面。

### （三）西方以经济为中心的高速发展观对中国社会的冲击和影响

鸦片战争以来，由于中国积贫积弱，使得中国有些人在向西方学习的过程中，全盘接受西方文化的同时全盘质疑和否定中国传统文化，包括在经济发展上也全盘接受了西方的强人类中心主义思想观念，一切围绕经济的发展来考虑社会经济结构，考虑政策实施。近代中国，维新派康有为、谭嗣同托古改制，倡仁学、反礼教，是最后一批被旧儒学知识分子改良儒学并用以更新社会体制的最后一次努力，但没有成功。戊戌变法的失败，使我们丧失了"儒学救国"的信心，并且对整个传统文化的社会价值产生怀疑。辛亥革命以后，中国知识分子对中国传统文化的怀疑动摇达到极致，将近代中国落后挨打的根本原因归结为中国传统的农耕文化。当时日渐强烈并日益占主导地位的主张是学习西方资产阶级思想，从一个极端走向了另一个极端。西方近代工业文明成了领导世界的潮流，竞争和无度扩张、无序发展的西方社会发展方式，洪水猛兽般席卷并冲击着全世界。强人类中心主义主导下的工业文明时代，把自然界当作掠夺和宰割的对象，人类过分强调发挥人的主观能动性，虽然在经济发展上取得了"巨大的成就"，建设了现代化的物质生活，但人类赖以生存的自然环境遭到破坏，空气污染，河流断流，土地沙漠化日益严重，人类的未来遭到了前所未有的生存挑战。正如鲁迅先生清醒透析的一样："递夫十九世纪后叶，而其弊益昭，诸凡事物，无不质化，灵明日以亏蚀，旨趣流于平庸，人惟客观之物质，世界是趣，而主观之内面精神，乃舍置不之一省，重其外，放其内，取其质，遗其神，林林众生，物欲来蔽，社会憔悴，进步以停，于是一切诈伪罪恶，蔑不秉之以萌，使性灵之光，愈益就于黑暗矣。"

此时以儒学为价值核心的中国传统文化，面临的挑战是促使经济突飞猛进的西方现代工业文明和随之而起的社会主义思潮。西方工业文明追求经济利益最大化的生产方式及相应的价值观极大地影响了中国社会经济发展的目标、决策和走向。西方资本主义的全球扩张和世界经济体系的形成、局部的生态危机也蔓延到了全世界，形成了全球生态危机。如不从观念深处探寻破坏中国和谐发展并可持续发展的症结，我国经济的绿色发展将受到极大挑战。

### 三、中国传统文化中的生态观

中国是一个历史悠久的国家，我国的先哲们早在两千多年前，就已经开始探索人与自然的关系，并对后世产生了深远影响。在近几十年，伴随加速发展的工业化，环境问题日益严重，中国古代生态哲学以及人与自然和谐相处的理念，引起西方理论界的关注，国内学者也有必要给予充分的挖掘与研究。

氏族社会的原始人相信自己的民族源于自然，把他们认为与自己的氏族有着亲缘关系的动物或植物等尊奉为图腾对象。如黄帝族的图腾是熊、羆，炎帝族的图腾是牛，商族的是玄鸟，这种以自然界动植物为图腾的习俗仍有大保留至今，并在此后漫长的历史发展中，逐渐形成了中华民族古代生态观："劝君莫食三月鲫，万千鱼仔在腹中。劝君莫打三春鸟，子在巢中待母归。"民间流传已久的劝诫诗句，警示人们要索取有度，体现了敬重生命的悲悯情怀和朴素的生态意识。中华传统文化中蕴藏着生态智慧的丰厚营养。

### （一）"天人合一"——顺应自然观

"人与自然和谐相处""人与万物平等"的生态伦理观念，贯穿于整个中国传统文化的生态伦理观念中，并产生深远影响。先秦的思想家从哲学的高度为人与自然关系平等的观念奠定了理论基石。《周易·泰卦·象传》："天地交，泰。后以财成天地之道，辅相天地之宜，以左右民。"《周易·系辞上》曰:"与天地相似,故不违;知周乎万物而道济天下,故不过;旁行而不流,乐天知命故不忧,安土敦乎仁,故能爱;范围天地之化而不过,曲成万物而不遗,通乎昼夜之道而知。""天人合一"的思想在先秦诸子百家的著作中均有论及。孔子对自然论述不多,但所言观点极其鲜明,提出要"敬畏天命",说到天与人的关系时,强调圣人的作用是辅天而行,如《论语·阳货》所言:"天何言哉,四时行焉,百物生焉,天何言哉。"人要对大自然怀有敬畏之心,不能无度地向大自然索取,否则将受到大自然的惩罚,真到了那个时候再祈祷也没用了,"获罪于天,无所祷也"(《论语·八佾》)。亚圣孟子建议统治者应号召民众取物以时,进行生产与劳作"不违农时",认为衡量统治者是否行"王道"的标准之一是将这一生态实践落实到管理活动中,合理地利用、开发、保护自然资源。并认为这是人民安居乐业、社会稳定的前提和保障。"不违农时,谷不可胜食也。数罟不入洿池,鱼鳖不可胜食也。斧斤以时入山林,材木不可胜用也。谷与鱼鳖不可胜食,材木不可胜用,是使民养生丧死无憾也。养生丧死无憾,王道之始也。"(《孟子·梁惠王上》)应该说这是生产力发展水平提高后人对人类与自然关系认识的飞跃;另一位大儒学家荀子提出人应当"制天命而用之","天有其时,地有其材,人有其治,夫是之谓能参",并进一步明确指出:"天行有常,不为尧存,不为桀亡。应之以治则吉,应之以乱则凶。强本而节用,则天不能贫；养备而动时，则天不能病；修道而不贰，则天不能祸。"（《荀子·天论》）"若是，则万物得宜，事变得应，上得天时，下得地利，中得人和，则财货浑浑如泉源，汸汸如河海，暴暴如丘山，不时焚烧，无所臧之，夫天下何患乎不足也？""万物失宜，事变失应，上失天时，下失地利，中失人和，天下敖然，若烧若焦。"（《荀子·富国》）这就把"逆"规律与"顺"规律和财富积累的因果关系联系在一起，认为要想更加美好地生活下去，人类的存在就不能背离自然，而要遵守自然法则。《荀子·王制》对大自然的生态体系养护与措施，是当时的共识："草木荣华滋硕之时，则斧斤不入山林，不夭其生，不绝其长也。鼋鼍鱼鳖鳅鳣孕别之时，罔罟毒药不入泽，不夭其生，不绝其长也。春耕、夏耘、秋收、冬藏，四者不失时，故五谷不绝，而百姓有余食也。污池渊沼川泽，谨其时禁，故鱼鳖优多，而百姓有余用也。斩伐养长不失其时，故山林不童，而百姓有余材也。"从而将人从自然中分出来，肯定人自身的力量，认为人类应当因时、因地、合理地开采利用自然资源，在认识与顺应自然规律的前提下，进行农业生产，保障生态资源的可持续发展，维持自然生态系统的内部平衡状态。

　　道家关于人与自然关系的论述在先秦诸子中具有重要地位。"人法地，地法天，天法道，道法自然"（《道德经·二十五章》）是老子提出的著名生态观，他认为人依赖大地而生，应顺应四季变化；大地依据上天的运行规律，哺育万物；而上天又是依据大"道"而运行变化的；大"道"则顺应自然，地球上所有生命体都要依从地球的特质，成其所以然。可以说，老子是中国思想史上较早进行哲学思考并论述"自然"这一概念的人。他认为世间万物都是以"道"为最初的本原，它们是一个有机统一的整体——"道生一，一生二，二生三，三生万物"（《道德经·四十二章》）。坚决反对人以自我为中心，反对人为自身的需求过分地掠夺自然资源，把自然界当作征服的对象。老子的生态观既不同于西方宗教"神创造万物"的生态观，也不同于人本主义思想"人是万物之灵"的观点。老子认为：人是世间万物的一部分，源于自然并统一于自然界。因此，人应当善待自然，尊重自然，从而达到天人和谐。他的观点更接近环境伦理学人与自然应和谐发展的理念。

在道家学派庄子那里，天人关系具体表现在顺应自然上："天地与我并生，而万物与我为一"（《庄子·齐物论》），指出顺应自然、合乎自然是天地间一切万物遵循的规律；庄子主张对个体价值和独立人格充分肯定，即"任其性命之情"（《庄子·骈拇》），但并不是要随心所欲，恣意妄为，而是要顺应自然之道，做到"无为也而后安其性命之情"（《庄子·在宥》），把顺道与顺性自然结合在一起。庄子把自然天成、真实朴素视为人生的最高境界，倡导返璞归真，"圣人法天贵真，不拘于俗"（《庄子·渔父》）、"使天下无失其朴"（《庄子·天运》），只有

"朴"才能"真",他极力反对用人为的世俗规范限制人的本性的异化行为,他的这一观点,对中国人影响甚大,并渗透进中国人的血液之中。传统社会,朴素、真挚,厉行节俭成为中华民族崇尚的优良品德。从理论上看,庄子的返璞归真,更接近非人类中心主义的主张(反生产、反技术、反增长,反对一切工业社会的主流发展模式,反对任何形式的人类中心论,提倡"回到丛林去"的自然主义世界观)。

墨子也把人的主观意志与客观法则相统一,主张"天志":"然有所不为天之所欲,而为天之所不欲,则夫天亦且不为人之所欲,而为人之所不欲矣。人之所不欲者何也?曰:病疾祸祟也。"(《墨子·天志》)在墨子看来,"有意识,有感觉,有情操,有行为,故名之曰天志"的"天"是衡度天下事的明法,是外在超越存在的约束,人应当怀着宗教情怀"立天志以为法仪"。

"天人合一"论的最可贵之处在于,在揭示人与自然的关系时,把人和自然看成一个整体,"人与自然的和谐"受到普遍重视,肯定了人的主体精神的同时,强调人应当尊重自然规律,"制天命而用之"(《荀子·天论》)、顺乎道、应乎时而行事。中国古代圣贤在论述人与自然的关系时都强调:其一,自然万物自身存在一定规律。人的活动都要顺应自然规律、尊重自然;其二,人与自然的关系是人从属并存在于自然之中,凌驾于自然之上,任意地向自然索取的行为是无德行为,会遭到自然的报复。这些观点接近西方自然生态学的观点，却要比西方早两千多年。

（二）仁民爱物——人与人、人与自然平等的道德理念

中国古人主张"仁民爱物"，认为人与天地万物是平等、统一的。"知者乐水，仁者乐山"（《论语·雍也》），孔子认为人有爱的"仁"性、天性，故"天地以成，群物以生，国家以宁，万物以平，品物以正"（《韩诗外传·卷三》）、"万物以成，百姓咸飨"（《孔丛子·卷一》）。孔子用"知""仁"来概括本是极其复杂的人性，把"仁民爱物"落实到对自然山水的热爱上，赋予自然山水以人的某些精神属性，认为山水等这些客观存在的自然物并不外在于人性，并把人与山水的关联概括为"乐"山"乐"水，认为人性和山水具有相通性、相识性和共同性。故朱熹在《论语集注》中对此阐释为："知者达于事理而周流无滞，有似于水，故乐水；仁者安于义理而厚重不迁，有似于山，故乐山。动静以体言，乐寿以效言也。动而不括故乐，静而有常故寿。"

孟子也反对对自然的无度索取和破坏："牛山之木尝美矣，以其郊于大国也，斧斤伐之，可以为美乎？是其日夜之所息，雨露之所润，非无萌蘖之生焉，牛羊又从而牧之，是以若彼濯濯也。"（《孟子·告子上》）牛山那么一片葱茏的森林，就是因为距大城市太近，常遭刀斧砍伐。被砍伐的山上那日夜生长、受雨露滋润的树木，不是没有

嫩芽新枝长出来，但牛羊接着又放牧到这里，因此成光秃秃的了。孟子在论述中是将生态破坏的典型事件与道德行为一起评判的。孟子在讲述时痛心疾首，显然重视生态环境的理念已在当时达成共识。

"仁民而爱物"是孟子提出的基本生态伦理思想。"仁民爱物"，"地"为"母"，"天"为"父"、人混然于天地之中为天地所生的思想在宋朝和明朝进一步发展，认为大自然中的任何存在物都是平等的，有着大自然赋予的属性，人是大自然中之一物而已的思想影响深远。甚至提出视民众为亲兄弟、视万物为平等同伴的道德理念："民，吾同胞；物，吾与也。"（张载《正蒙·乾称篇第十七》）到明代大思想家王夫之提出"由吾同胞之必友爱，交与之必信睦，则于民必仁，于物必爱之理，亦生心而不容已矣"（王夫之《张子正蒙注·卷九·乾称篇》），生态伦理价值观成为中国古人在生产实践活动中具体行动的准则。

"体天地而仁民爱物"是中国古代重要的生态伦理观之一。在儒家看来，"天生德于予"（《论语·述而》），自然界赋予人内在价值——德性，天命固然重要，但更重要的是要实现和升华人的仁性，以其"仁民而爱物"的仁性来对待自然万物。儒学关于人与自然的守则更具有儒家"泛爱众"的人性光辉。

## （三）"强本而节用"，可持续发展

"改变传统消费模式，建立可持续消费模式"是1992年联合国环境与发展大会"世界范围内可持续发展行动计划"中的一项基本内容。而这一理念，也体现在中华优秀传统文化中的有关论述中，从有些中国先贤及其著作中可以发现其中的契合点。"钓而不纲，弋不射宿。"（《论语·述而》）孔子主张钓鱼要用垂钓的方法，而不用大网捕鱼；射鸟不射栖息在巢中的鸟。因为用渔网捕鱼，就不论大小和多少了；射杀归巢的鸟，就可能连幼鸟一网打尽了，这就破坏了资源的可持续发展，甚至会造成生态资源的灭绝，也断绝了猎户的生存之路。孔子还把对环境的敬畏与孝亲联系在一起："曾子曰：'树木以时伐焉，禽兽以时杀焉。'夫子曰：'断一树，杀一兽，不以其时，非孝也。孝有三：小孝用力，中孝用劳，大孝不匮。思慈爱忘劳，可谓用力矣。尊仁安义，可谓用劳矣。博施备物，可谓不匮矣。'"（《礼记·祭义》）这些都体现了孔子的生态伦理思想和他的道德观念的一致性。

荀子强调："天行有常……强本而节用，则天不能贫；养备而动时，则天不能病；修道而不贰，则天不能祸。"（《荀子·天论》）要使资源源源不断地为我所用，必须"强本而节用"。"节用"思想也是墨家思想体系中的一个重要内容。《墨子》中有三篇文章《节用》《辞过》《节葬》专门论述"节用"思想。墨子是我国最早系统阐述"节用观"的思想家，他深刻认识到资源与能源消耗之间不可调和的矛盾，提出以民为利、适度消费、因需而设的节用观："去无用之费，圣王之道，天下之大利也。"（《墨子·节用》）他反对当权贵族奢侈享乐和"繁饰利乐"的生活。"古者圣王制为饮食之法，曰：足以充虚继气，强股肱，耳目聪明，则止。不极五味之调，芳香之和，不致远国珍怪异物。""冬则练帛之中，足以为轻且暖，夏则絺绤之中，足以为轻且清，谨此则止。"（同上）冬天穿又轻又暖的深青色的衣服；夏天穿又轻又凉的细葛布或粗麻布衣服，就可以了，没有必要过于讲究。还说："车为服重致远，乘之则安，引之则利；安以不伤人，利以速至。此车之利也。""凡足以奉给民用，则止。诸加费不加于民利者，圣王弗为。"墨子应当是我国比较早主张低碳生活的思想家。

纵观历史，绿色生态观是中华传统文化蕴含的重要思想。体现了中国历史上古代人民朴素的自然观、生态责任意识。保护自然造福于民的思想理念，对当今社会促进环境社会的可持续发展和维护生态平衡依然具有十分重要的意义。

我国传统文化中蕴含着丰富的绿色发展思想，如"天人合一""万物平等"等。这些思想倡导人与自然和谐统一，并倡导人们要尊重自然规律，推动了我国社会经济的绿色发展。

"天人合一"是我国传统文化中对人与自然关系的思考。古人认为，"人"与"天"两者是矛盾统一的关系，并不是互不相容、独自存在的。人可以充分发挥主观能动性，但必须在尊重自然、顺应自然的前提下，才能促进万物协调统一，永葆生机地发展。如孟子在《孟子·梁惠王上》中提到的，儒家理想的生态社会应当是："不违农时，谷不可胜食也；数罟不入洿池，鱼鳖不可胜食也；斧斤以时入山林，材木不可胜用也。"儒家的"仁者为天地万物为一体"倡导爱物如爱己，爱护生态环境就是维护自己的发展利益。荀子在《荀子·王制》中写有"草木荣华滋硕之时，则斧斤不入山林，不夭其生，不绝其长也"，意思是合理开发资源，促进可持续发展。表明人可以与自然界合二为一，相互协调统一。"天人合一"为我国生态文明的建设提供了深厚的思想基础。尊重自然，倡导万物平等。人来自自然，与自然界万物都是平等的，没有逾越自然的权利。人要认清与自然的关系，在尊重自然规律的前提下，充分发挥主观能动性，才能摆正自己的位置。如老子所说，"人法地，地法天，天法道，道法自然"，人要遵循自然规律办事，否则就会遭到自然界的惩罚，时刻注意把握天时、地利和人和之间的关系。道家思想要求顺其自然、尊重自然、谋求众生平等。如庄子提出，"道观之，物无贵贱。物观之，自贵而相贱。俗观之，贵贱不在己"。如《易经》中的"先天而天弗违，后天而奉天时"就是说人要遵守自然规律而劳作；万物平等，和谐运行，才能充分发挥自然界中万物的效用。"天人合一""万物平等"是我国传统文化中的绿色发展思想。我们要继承并发扬这些价值观念，共建和谐文明的家园。

## 四、中华人民共和国成立后我国绿色发展观的演进

生态文明建设是顺应世界文明转型发展的大趋势、大战略。我国政府基于我国生态文明建设的新要求，就生态文明建设这一热点问题，从传统发展模式向绿色发展模式转变的角度提出了一系列重要论断。绿色生态文明思想在绿色发展视域下阐述了生态生产力理念、绿色福利理念，以及发展与文明的关系，这对我国全面形成人与自然和谐发展的现代化建设新格局具有深远影响。

改革开放以来，中国成为令世界瞩目的新兴经济体，经济维持了长达30多年的高速增长。在经济高速增长的同时，也损耗了大量自然资源，并对环境造成不同程度的破坏。环境污染和自然资源的枯竭已成为中国经济增长的主要障碍。十二五规划以后，我国政府提出一系列推进绿色发展的政策。提出将把实现经济、社会和环境的可持续发展作为绿色发展的目标；把环境资源作为社会经济发展的内在要素；把经济活动过程和结果的"生态化""绿色化"作为绿色发展的主要内容和途径。促进环境保护，减少能源消耗，实现资源的可持续利用。当前迫切需要建立环境管控的长效机制。推进技术创新，鼓励发展绿色产业，使其成为替代产业，有效引导企业转型升级，接力经济增长。

## （一）不同历史时期的绿色发展观

中华人民共和国成立以后，我国社会主义经济建设时期的生态意识经历了一个从空白到逐渐成熟的过程。

### 1. 绿色发展思想的艰难探索时期

首先，人与自然关系的初步认识。人是不能和自然界隔离开来的，人不断进行生产实践，与自然产生关系。通过对规律和对立统一方法论的解读和掌握，得出人来源于自然界、依附于自然界的论断。但人可以随着对自然的认识的加深，在遵守自然规律的基础上，能动地改造自然。

其次，积极推进环境绿化。绿化环境是最普惠的民生福祉，是人民最基本的生活愿望。无论是革命战争时期还是 1949 年后的建设时期，美化环境都是一项争取民心、获得民众支持的重要任务。因此，初步提出一些简便易行的政策，如树木只准砍树枝，不准砍树干，要砍树干须经政府批准等绿化环境的规定，使得当时由于战争而受到破坏的环境得以快速修复，并提出了"十年树木，百年树人""植树造林，绿化祖国"等口号。

最后，统筹兼顾实现人的全面发展。人民群众路线是党的基本政治路线，展现了以人民群众的利益为中心的政治和经济思想。统筹兼顾是实现绿色发展和人民利益的方法论，在实现革命、建设和改革的同时，兼顾各个阶级、各个团体、各个领域之间的利益。这个时期的绿色发展理念，为我国绿色发展做了重要的理论准备，为我国的社会经济发展做出了很大的贡献。

2. 绿色发展思想的初步形成

首先，在科学教育中纳入绿色发展思想。人口素质的提升和科学技术的创新都离不开科学教育。推进科学教育，培育新时期人才，为社会经济健康发展打下坚实的人才基础。1984年，政府提出建立保护环境的基本国策，将保护环境上升为国策。随着保护环境基本国策的建立，植树造林便成为了响亮的口号。植树造林挽救了物种、美化了环境，实现了人与自然之间的和谐相处，实现了人民的身心健康和民生福祉，也为后代植下了可以乘凉的"大树"。

没有法制的依靠，绿色发展就没了底气；没有法制依靠，绿色发展就不会走得很远。1978年，我国制定环境相关的法律。至此，我国的环境保护走上了有法可依、执法必严、违法必究的道路。绿色发展除了制定法律外，还需要相关制度的建设。包括环境保护或破坏的奖惩、权利与义务等。1981年通过的《关于开展全民义务植树运动的决议》，规定了义务植树的制度，提高了环保的积极性和责任性。绿色发展需要广大人民的积极参与，也需要法律制度的保障。

3. 绿色发展思想的进一步提出

在现代化建设中，必须把实现可持续发展作为一个重大战略。在现代化建设中，可持续发展是不可或缺的战略思想，必须把可持续发展贯彻在持续的社会建设之中。第一，人是从自然界走出来的智慧动物，人生活的好坏、幸福与否都与自然有着的莫大的关系。处理好人与自然的关系，关系着人类社会发展的速度和质量。人民要多次、全面地了解自然，掌握自然的运行规律，完成对自然的正确认识。人民群众主体地位的实现和人与自然之间关系的和谐，是实现人的全面发展的保障。第二，可持续发展。实现社会主义可持续发展，是坚持绿色发展的目的。实现社会主义可持续发展要处理好人口、资源和环境的关系。我国人口数量众多，要处理好人口数量与资源占有之间的关系，要提升国民教育水平，培养高端人才，促进科技创新。因此，控制人口数量，提升人口素质，推进科学技术创新都是实现可持续发展的主要途径。科学技术的创新，有利于生产率的提高，有利于对循环技术、低碳技术的开发，同时能降低环境污染，减少废弃物排放，起到环境保护的作用。转变社会经济产业结构，降低能耗，完成从"黑色经济"地带向"绿色经济"地带的过渡。科学技术的提升有利于寻找资源的替代品和互补品，缓解自然资源的供需矛盾。提升国民教育水平，为我国社会主义现代化建设储备人才。

科学发展观的重点在绿色发展，核心是以人为本，强调生态和谐、经济和谐、社会和谐的整体运行，推动社会主义绿色发展理论的提出。一是传统发展思维的改变。推动社会经济的绿色发展，需要建立正确的理念，改变以往唯GDP论英雄的思想。科学发展的理念是全面发展的理念，除了 GDP 稳步增长之外，还要树立环保和节约意识。推进绿色发展，我们要做好思想准备，遵从先进的理论指导，实现向循环经济、低碳经济、安全经济的转变。二是经济增长方式的转变。改革开放以来，我国经济快速发展，带来的环境问题影响着祖国未来的发展。胡锦涛为我国的绿色发展指明了方向，尤其是提倡走科学发展观的道路，重视科学教育、人才培养、生态科技、经济模式转变，以绿色经济为途径，重视市场体制的改革、法律政策的制定。三是统筹兼顾的方针。社会经济的绿色发展，除了协调经济与环保之间的关系，还需要协调城乡、区域、国内外、人与自然、政府和市场、代际内外等双方面或者多方面的关系。因此，我国将生态文明建设与社会、政治、经济、文化等方面结合起来才是真正实现了统筹兼顾，为中国特色社会主义理论建设增添了丰富的内容。马克思主义中国化理论中的绿色发展思想，为我国的绿色发展做了重要的理论准备，尤其他们的环境保护、生态科技、法律制度等理论，为当今社会经济的发展，做出了重要的贡献。①

## （二）碳排放的提出与应对

　　绿色经济、低碳经济、循环经济和生态经济是相互联系又具有不同侧重点的发展观念，是发达国家出于争夺主导话语权和主导未来发展模式的博弈而提出来的不同政策

---

　　①李先伦.中国政党协商发展研究 [M].济南：山东人民出版社，2018：183-184.

下的实践方式和理念。绿色经济和生态经济强调人类社会经济活动与生态系统的协调发展，也是人类生态文明的重要特征。低碳经济和循环经济则是许多国家实现绿色经济和生态经济的抓手。其中循环经济由于是以资源的高效利用和循环利用为核心，以"减量化、再利用、资源化"为原则，以低消耗、低排放、高效率为特征，是一种符合可持续发展理念的经济增长模式。低碳经济是经济发展方式、能源消费方式和人类生活方式的一次新变革，它将全方位地改造建立在化石燃料（能源）基础之上的现代工业文明，进而转向生态经济和生态文明。我国在发展低碳经济和循环经济的先后次序上，国内学者持有不同的主张。一种观点认为二者殊途同归，都可纳入我国"两型"社会建设范畴，应该从组织规范管理、加强经济杠杆支持、加快生态化技术开发等方面将二者整合，致力于循环经济低碳化的发展模式。贺业方等（2010）探讨了通过发展循环经济促进碳减排的途径，并通过对资源产出率的理论分析、情景分析和1990年至2005年我国经验事实的实证研究，认为通过提高资源生产率来提高碳生产率是可行的。杨志、张洪国（2009）则论证了循环经济就是实现绿色低碳经济的生产方式。从技术有效性和可行性的角度来看，在我国大力发展循环经济无疑是实现绿色低碳经济的有效途径和方式

　　生态文明建设关系中华民族的永续发展。几百年来，西方资本主义国家那种无节制地消耗资源、无限度地污染

环境的发展模式，给自然生态系统带来了巨大破坏，在今天已经难以为继。"天育物有时，地生财有限。"生态环境没有替代品，用之不觉，失之难存。当今世界，国家发展模式林林总总，但唯有经济与环境并重、遵循自然发展规律的发展，才是最有价值、最可持续、最具实践意义的发展。有着近 14 亿人口的中国现代化建设，绝允许"吃祖宗饭、断子孙路"，绝不能重复"边污染边治理""先污染后治理"的老路，必须走一条绿色、低碳、可持续发展之路，高度重视生态文明建设。"在这个问题上，我们没有别的选择"。要站在为子孙计、为万世谋的战略高度思考、谋划生态文明建设，开辟一条顺应时代发展潮流、适合我国发展实际的人与自然和谐共生的光明道路。

### （三）碳关税的提出为资源型城市转型提出新的挑战

在我国资源型城市转型之初，碳关税的提出给我们敲响了警钟。资源型城市转型，不仅要考虑经济的可持续发展，还需要考虑国家的节能减排。

#### 1. "碳关税"概念的提出

碳关税是欧美发达国家设计的由其海关对不实施碳减排限额的国家或地区的高碳高耗能产品征收的二氧化碳排放关税。碳关税概念最早由法国前总统雅克·希拉克提出，起因源于美国拒绝签署《〈联合国气候变化框架公约〉京都议定书》（简称《京都议定书》），逃避其作为温室气体最大排放国应承担的减排义务。加之《京都议定书》规定发展中国家暂时不承担减排份额，因此签署了该议定书的欧盟国家认为若只有其实行成本较高的碳排放交易机制，对欧盟各国国内的高碳产品竞争极为不利，因此多次提出对未履行《京都议定书》国家的进口产品征收碳关税。而美国虽然在国际社会拒绝签署《京都议定书》，但是在国内立法中却吸收了碳关税的概念，于 2009 年 6 月通过《清洁能源安全法案》，对在 2020 年未达到美国碳排放标准的外国产品将征收高额的边境调节税，其实质就是碳关税。我国《环境保护税法（征求意见稿）》在起草时曾把二氧化碳作为一个税目纳入征收范围，但是在 2015 年最后一稿的草案中却删除了。在环境保护税出台之后可以看到，环境保护税第 3 条仅将"大气污染物、水污染物、固体污染物和噪声"列为征收对象，限制了碳关税的存在空间。

由此可见，虽然欧美各国对碳关税的理解有差别，征收的碳关税的数额和名目也各不相同，各国征收碳关税的法律规制也千差万别，起始征收的时间也互不统一，但有两点是不可否认的：一是碳关税必须征收；二是碳关税可以避开国际贸易规则的硬性约束。这样大多数发达国家就可以打着生态经济的幌子，把大多数的环境成本施加于发展中国家。事实上，欧美碳关税的矛头就是针对碳排放限制较低的国家，而这些国家绝大部分为发展中国家。因此，碳关税一经提出，就遭到印度、中国等发展中国家的强烈反对。然而国际社会对此态度却模棱两可，WTO 和联合国共同发布的一份报告曾指出："只要起草得当，理论上可以使这样的税收符合 WTO 的法律，但很难证明它们并非一个幌子，目的是对国际贸易进行非法限制。"WTO 虽然也怀疑碳关税对贸易限制的非法性，但也为碳关税的合法存在留下了空间。

2. 碳关税的实质

由碳关税的产生过程可知，碳关税目前属于个别国家的国内措施，并未得到国际社会的普遍认可。虽名为"关税"，但其表现形式不限于关税一种，还可以是国内税费、配额或者许可证等（李晓玲、陈雨松，2010）。碳关税表面冠以保护环境之名，实质却是后金融危机时代出现的新型贸易壁垒，是发达国家贸易保护主义的集中体现。碳关税违反了国际社会的诸多原则和规则。

首先，违反公平互利原则。公平互利原则是二战以来国际经济新秩序得以建立和赖以发展的基石。公平意味着实质而非表面的平等。发达国家在过去几百年通过掠夺发展中国家的资源获得了经济的飞速发展，污染环境的高耗能产业的时代已经过去，而发展中国家的经济发展才刚刚起步，高耗能产业仍占经济发展的大部分。发达国家此时要求以环保的名义来限制发展中国家经济发展的措施，对其本身没有重大影响，但对发展中国家却是致命打击。发展中国家经济发展的停滞对全球经济有害无利，从而间接地影响到发达国家的经济发展。《联合国气候变化框架公约》中的"共同但有区别责任"原则是一种公平互利的国际交易原则，发达国家模糊这一国际原则，试图用环保的外衣达到其限制发展中国家的"碳关税战略"，实属损人不利己的一种表现。

其次，违反 WTO 国民待遇、最惠国待遇原则。WTO的国民待遇要求一个成员国给予另一国的产品待遇不低于本国产品的待遇，即内外平等；而最惠国待遇则要求一方已经或将要给予其他任何国家或地区的优惠必须自动地给予所有的成员，即外外平等。而目前碳关税所依托的碳排放计算标准并未统一，不同方法计算的结果也大相径庭。除了计算方法的差异外，统计方式也存在差异。一国国内产品的碳排放通常是测算的实际碳排放量，而该国对其他国家产品的碳排放量通常是根据该国该类产品碳排放量总体水平的平均值，并非实际碳排放量。计算方法和统计方式的差异使得内外、外外的碳排放量结果必然存在差异，从而难免违反 WTO 的国民待遇和最惠国待遇原则。

3.碳关税对我国的影响

对于我国来说，碳关税的影响并非有害无利，其既有积极的一面，也有消极的一面。

（1）积极影响

我国作为发展中国家中迅速崛起的一员，相对于其他发展中国家来说，理应承担更多的责任和义务。这一点我国政府并没有回避。碳关税对我国来说，尽管是一个很大的挑战，甚至是对目前经济发展的一种阻碍，但从我国低碳经济、可持续发展的角度来看，无疑是对我国经济发展的一种外力驱动和鞭策。奥巴马游说国会通过《清洁能源安全法案》所强调的原因是"美国需要调整自身，进入一个新的发展方向，这个新的发展方向就是低碳经济的发展，是新能源、智力电网和生物技术，这些产业成为美国新的产业选择和战略选择"（高静，2010）。其原因同样可以成为我国今后一个时期经济发展的方向，尽管这是奥巴马表面的说辞，但从长远角度分析，以新能源为主导的低碳经济必然成为全球经济发展的趋势，及早顺应这一趋势，对我国来说意义重大。

（2）消极影响

尽管从长远来看，碳关税对促进我国低碳经济的发展有着极为积极的影响，但对经济发展尚未达到发达国家水平的我国来说，碳关税的征收对我国近一个阶段的影响仍是消极因素居多。

①国际层面的影响。

中国的出口受到极大影响。目前欧盟进口的高耗能产品多数由发展中国家生产，其中"中国制造"所占份额很大。在我国目前的二氧化碳排放量中，大约有 7%~14% 是为生产出口欧盟的产品而产生的。在中国对欧盟出口商品中，机电、建材、化工、钢铁、塑料制品等传统高碳产品占据了中国出口市场一半以上的比重。近年来，我国出口的工业制品中，化学工业及制品、轻纺橡胶冶矿及其制品、机械及其运输设备，这三项占中国出口总额的比重基本上都在 70% 左右，这些又都是碳排放密集型产业。但是，从碳排放指标来看，我国产品出口结构却不断恶化。一旦碳关税被发达国家普遍采用，中国经济的受损程度必然最大。

一是对出口贸易的影响。碳关税的征收将对我国出口贸易造成严重的阻碍。目前我国对外贸易中高耗能产业仍占多数。2007年美国进口的高耗能产品有11%来自我国，其中混凝土占19%，钢铁占15%，纸品占12%（李伟、杨青，2010），而美国2009年通过的《清洁能源安全法案》所要征收碳关税的产品正是针对钢铁、水泥、玻璃、纸浆、纸、化学制品、工业陶瓷等高耗能产品。可见美国在立法之初其实已经将我国作为重点打击的对象，若碳关税开征，我国出口贸易势必受到严重影响。二是对国际贸易秩序的影响。作为一种隐性的贸易壁垒，碳关税的开征势必激化发展中国家与发达国家的矛盾。作为深受其害的发展中国家，我国也必将会采取一定的应对措施，比如运用WTO争端解决机制，而这种方式旷日持久、耗费精力，同时胜负难料，很容易将我国的相关产业拖垮。而我国若采取一些报复性的贸易壁垒措施，又势必使原本复杂的国际贸易秩序变得更加混乱，对我国相关产业的正常发展极为不利。

②国内层面的影响。

碳关税的征收势必会造成我国国内钢铁、造纸等高耗能产业的成本上升，企业责任增加，同时，对上下游产业也会造成连锁反应。要么被淘汰，要么产业升级，若企业被淘汰会直接导致大量的劳动者失业；而若产业升级，科技含量的提升也使得企业对劳动力的需求减少，也会间接造成部分劳动者失业，两方面都会对我国国内劳动力就业造成冲击，从而对经济发展、社会稳定产生不良影响。

## （四）我国应对碳关税的措施

### 1. 国际层面的应对措施

（1）开展"环境外交"，积极推动国际气候与贸易谈判进程。

一是制定合理的自愿减排标准。气候变化是全球性的挑战，每个国家都有义务保护环境。发达国家开征碳关税的一部分原因也在于以我国为代表的发展中国家在温室气体排放方面的确需要承担一部分责任。在 2009 年 12 月结束的联合国气候变化框架公约缔约国会议，即哥本哈根会议上，我国承诺的到 2020 年将单位 GDP 二氧化碳排放量比 2005 年降低 40%~45% 的目标并未达到国际社会所希望的程度。作为一个负责任的大国，我国应真正意识到低碳经济对全球气候变化的作用，转变观念，变被动为主动，提升经济发展中的科技含量，实现更多行业的技术创新，从而为制定符合国际社会认可的减排标准夯实基础。在今后的国际谈判中，我国应根据自身发展，制定合理的自愿减排标准，积极推动国际气候变化以及国际贸易领域的相关谈判进程。二是呼吁合理分配碳排放权。当然，在自我约束的同时，我国还应与广大发展中国家携手应对发达国家不合理的碳排放份额的分配。发达国家也经历过高污染、高能耗的发展时期，要求发达国家承担更多的责任也是理所应当。因此我国在国际谈判中，应呼吁坚持公平互利的原则，以《联合国气候变化框架公约》"共同但有区别责任"的原则为依据，督促发达国家为其已经造成的污染负责，为发展中国家赢得应得的碳排放份额，从实质公平的角度合理分配碳排放权。三是参与制定国际碳排放量参考标准。鉴于目前国际社会并未有统一的碳排放量参考标准，碳排放计算方法的不同会导致不同的结果。因此，研究碳排放计算方法，积极参加相关国际谈判，参与制定国际碳排放量参考标准，使国际标准充分考虑包括我国在内的发展中国家的实际水平，是我国在国际气候问题上应努力的方向。

（2）WTO 框架下我国应对的措施。

一是在 WTO 框架下否定碳关税的合法性。WTO 对碳关税的态度模棱两可，对我国是一个不利的信号。一旦碳关税开征，由此会产生纠纷。若诉诸 WTO 争端解决机制，WTO 可以迫于发达国家的压力，引用 GATT 第 20 条环境例外条款，以碳关税是应对气候环境恶化所采取的措施为由，将其纳入环境例外条款。而碳关税的征收可能会违反 WTO 国民待遇和最惠国待遇原则，在此情况下，我国应充分利用 WTO 的国民待遇和最惠国待遇原则进行抗辩，否定碳关税的合法性。

二是利用 GATT 第 20 条环境例外条款采取应对性措施。由于 WTO 肯定了碳关税的合法性，所以发展中国家要想否定它是很困难的。此时，发展中国家可以效仿发达国家提出的针对发展中国家的碳关税措施，提出自己的"类碳关税"应对措施。如可以对稀土等我国蕴含丰富但发达国家匮乏的用于武器制造的战略资源进行出口管制，同样可以以 GATT 第 20 条保护自然资源的例外为由采取征收出口关税、发放许可证等方式进行控制。当然，这种做法的合理性是存在争议的，在正常的国际贸易往来中，还是应积极地采取其他措施加以应对。

2. 国内层面的应对措施

发展低碳经济并增强出口企业竞争实力。国际层面的应对措施只是短期收效的路径，真正能够抵御碳关税不利影响的途径只能是走低碳经济发展之路，研发低碳技术，以绿色能源产业替代目前的高耗能产业。首先，政府制定低碳经济发展的规划，给予低碳技术研发更多的支持。其次，企业应把目光放长远，不贪图由高耗能产业带来的短期利益回报，应把更多的精力投入到绿色能源产业，真正以保护环境为己任，增强企业的社会责任感，这样才能从根本上提高企业在低碳时代国际贸易中的竞争实力。

建立自我约束的碳税制度。碳税是与碳关税不同的概念，它是一国以保护环境为由针对二氧化碳排放所征收的税费，属于国内环境税的一种。我国目前并未建立碳税制度，但很多发达国家已经开征，并被国际社会所普遍认同和推崇，它被认为是目前一国国内削减二氧化碳排放的一种有效手段。我国建立碳税制度，一方面可以通过国内税收的强制措施对高耗能产业进行约束，增加其生产成本，迫使其改善生产技术，真正实现低碳经济。另一方面，从国际税收层面来讲，我国在国内对相关企业征收碳税，就可以避免发达国家在相关产品进口时征收碳关税。因两个主权国家对同一纳税人的同一课税对象征收两次税收会构成国际双重征税，而国际双重征税早已通过各国签订的双边协定加以管制。因此，建立碳税制度，根据我国实际情况对碳税进行立法约束，是应对发达国家碳关税的有力措施。

## （五）低碳经济与相关法律政策分析

### 1. 我国低碳经济发展状况

所谓"低碳"，意指较低（更低）的温室气体（主要是二氧化碳）排放。低碳的提出源于人类对气候危机的回应，尤其是 1997 年《京都议定书》的通过，确定了发达国家率先量化减排的模式。中国虽然在当前不需要承担减排责任，但作为最大的发展中国家和温室气体排放的大国，面临着控制二氧化碳排放总量的巨大压力。但我国正处于工业化和城镇化进程当中，第二产业在国民经济中占的比重较高。另外我国以煤炭为主的能源消费结构决定了我国控制二氧化碳等温室气体排放面临特殊困难。2006 年我国煤炭在一次能源消费中的比重为 69.4%，而除中国以外的其他国家，这个数字仅为 20.42%。这意味着我国的碳排放总量仍将持续增长。2009 年 11 月，我国提出：

到 2020 年单位国内生产总值二氧化碳排放比 2005 年下降 40%~45%，二氧化碳排放将作为约束性指标纳入"十二五"及其后的国民经济和社会发展中长期规划。2015 年，中共十八届五中全会通过《中共中央关于制定国民经济和社会发展第十三个五年规划的建议》将绿色发展与创新、协调、开放、共享等发展理念共同构成五大发展理念；2017年，党的十九大报告明确指出：加快建立绿色生产和消费的法律制度和政策导向，建立健全绿色低碳循环发展的经济体系。

2015 年《中共中央国务院关于加快推进生态文明建设的意见》颁布，坚持以生产发展绿色化、循环化、低碳化作为促进生态文明建设进一步成长的基本途径，明确表示中国当前正在大力创建生态文明，推动社会向着绿色可循环的方向发展。2017 年 7 月，国务院出台《关于禁止洋垃圾入境推进固体废物进口管理制度改革实施方案》，强调国外的垃圾废物未经审核许可不得进入中国境内，一定程度上减轻了国内环境治理的负担。2017 年党的十九大进一步强调要进行生态文明体制改革，实现美丽中国的建设。

当前中国已经颁布了《清洁生产促进法》《中华人民共和国电力法》《可再生能源法》《循环经济促进法》《中华人民共和国煤炭法》《核安全法》《中华人民共和国建筑法》《节约能源法》《土壤污染防治法（草案）》等与低碳经济密切相关的立法。

发展低碳经济在我国刻不容缓。对此，我国提出，中国将进一步把应对气候变化纳入经济社会发展规划，并从以下方面采取强有力的措施：一是加强节能、提高能效工作；二是大力发展可再生能源和核能；三是大力增加森林碳汇；四是大力发展绿色经济，积极发展低碳经济和循环经济，研发和推广气候友好技术。这些措施为我国今后低碳经济发展指明了基本方向，即低碳经济的发展要从几个重点领域着手：首先是低碳能源系统的调整，包括节约能源、提高能效、发展新能源等；其次是在低碳经济的产业层面上，包括产业结构调整、发展循环经济等。

2. 低碳能源的立法

现代社会的存在与发展都离不开能源的驱动。日益严重的能源危机需要人类从根本上改变工业文明的动力基础。能源系统的调整是发达国家发展低碳经济的核心领域，包括调整能源结构，发展低碳和无碳能源，尤其注重可再生能源的发展。

我国在能源方面的法律政策，2007 年 12 月，针对耕地、淡水、能源和重要矿产资源相对不足，生态环境比较脆弱，经济结构不合理等制约发展长期性深层次矛盾问题，我国发布了《中国的能源状况与政策》白皮书，着重提出能源多元化发展，并将可再生能源发展正式列为国家能源发展战略的重要组成部分，首次不再提以煤炭为主。2007 年 9 月，国家发改委公布的《可再生能源中长期发展规划》提出，到 2010 年，可再生能源消费量占能源消费总量的比重达到 10%，2020 年达到 15%，而这个数字在 2008

年年底为 8.9%。之后国家能源局关于印发《煤炭清洁高效利用行动计划》《中华人民共和国环境影响评价法》《中华人民共和国可再生能源法》《中华人民共和国矿产资源法》《中华人民共和国环境保护法》相继出台，为绿色发展保驾护航。（国家能源局官网）"十二五"规划中进一步强调，针对气候变化以及能源资源安全等问题，强调要坚持把建设资源节约型、环境友好型社会作为加快转变经济发展方式的重要着力点。尽管"十三五"时期针对能源政策结构的复杂性趋势依然持续。党的十九大报告提出推进能源生产和消费革命，构建清洁低碳、安全高效的能源体系，建设美丽中国的总体战略部署。同期中央经济工作会议再次强调推进生态文明建设，加快调整能源结构。截至 2018 年年底，我国的水电装机、风电装机、太阳能光伏发电装机分别达到 3.5 亿千瓦、1.8 亿千瓦和 1.7 亿千瓦，规模均居世界首位。随着清洁电力的快速发展，我国煤炭在能源生产总量中的比重也由中华人民共和国成立初期的96.3%，下降到 2018 年的 69.3%。

我国大力倡导发展可再生能源，并加大了节能减排力度。煤炭消费占比由 1953 年的 94.4% 下降到 2018 年的 59%；天然气、一次电力及其他能源等清洁能源占比总体持续提高，天然气由 1957 年的 0.1% 提高到 2018 年的7.8%，一次电力及其他能源由 1953 年的 1.8% 提高到 2018年的 14.3%。2018 年，我国清洁能源消费量占能源消费总量的比重超过 22%。

（1）在节能领域

1997 年 11 月， 我国就已经制定了节约能源法。2004 年发布了中国第一个《节能中长期专项规划》。2007 年 10 月大范围修订了《节能法》， 将节约资源确定为我国的基本国策， 并确定了节约与开发并举、把节约放在首位的能源发展战略。将节能工作纳入国民经济和社会发展规划、年度计划， 并组织编制和实施节能中长期专项规划、年度节能计划。建立节能目标责任制和节能考核评价制度， 将节能目标完成情况作为对地方人民政府及其负责人考核评价的内容。另外， 还对节能的重要领域——工业、建筑、交通运输、公共机构以及重点用能单位的节能进行了专门规定。这成为我国节能方面最重要和最基本的法律。2007 年 6 月， 国务院下发了《节能减排综合性工作方案》， 对节能减排做出全面部署。2007 年 11 月，国务院印发了《节能减排统计监测及考核实施方案和办法》， 明确考核标准。2018 年单位 GDP 能耗比 1953 年降低 43.1%， 年均下降 0.9%。"十二五"时期， 全国化学需氧量、二氧化硫、氨氮、氮氧化物等主要污染物排放总量分别减少 12.9%、18%、13% 和 18.6%。根据国家能源局统计数据， 我国 2018 年一次能源生产总量达到 37.7 亿吨标准煤，成为全球最大的能源生产国。为进一步落实能源安全新战略，2019 年 10 月 11 日我国在国家能源委员会会议提出，我国仍是发展中国家，推动现代化建设，保障能源供给是长期战略任务。

（2）在可再生能源领域

2005 年 2 月，全国人大审议通过了《可再生能源法》，明确了政府、企业和用户在可再生能源开发利用中的责任和义务，提出了包括总量目标制度、发电并网制度、价格管理制度、费用分摊制度、专项资金制度、税收优惠制度等一系列政策和措施。另外，国家还在 2007 年 9 月公布了《国家可再生能源中长期发展规划》和《核电中长期发展规划（2005—2020 年）》。这些政策法律的实施极大地推动了中国风能、太阳能等产业的超常规发展。以风电为例，仅在 2007 年至 2008 年一年之间，我国风电装机就从 604 万 kW 增长到 1217 万 kW，增幅达 101.5%。

目前我国已经有 4 部单行能源法律《煤炭法》《电力法》《节约能源法》《可再生能源法》，以及《水法》《清洁生产法》《矿产资源法》《循环经济法》《环境保护法》等三十多部相关法律，有《石油天然气管道保护条例》《电力供应和使用条例》等三十多部国务院颁布的行政法规，有《民用建筑节能管理规定》等二百多部部门规章，有近千部地方性法规、规章。此外还有能源标准若干部，国家批准和签署参加的与能源相关的国际条约十多部。

这些法规为经济的低碳生态环保发展，提供了保障和依据。以风电为例，2015 年，中国风电装机量再创新高。全国（除台湾地区外）新增安装风电机组 16740 台，新增装机容量 30753MW，同比增长 32.6%；累计安装风电机组 92981 台，累计装机容量 145362MW，同比增长 26.8%。

2016 年中国风电新增装机量 2337 万千瓦，累计装机量达到 1.69 亿千瓦。2017 年中国风电新增装机 1966 万千瓦，累计装机达 1.88 亿千瓦。中国作为全球最大的风电装机市场，根据中国风能协会数据，2018 年我国风电新增装机容量为 21143MW，2018 年年底我国风电累计装机容量达到 209533 MW，我国风电累计装机容量占全球比重从 2000 年的 2.0% 增长至 2018 年的 35.4%。

（3）低碳能源法

我国现行能源立法，特别是体现低碳化立法理念的能源立法，对能源违法行为的法律责任追究的规定需要继续完善。

能源法的低碳化问题所涉及的管理体制要继续调整优化。是由能源主管机构主管还是由环境保护部主管？中央和地方的职责权限等的关系也没有理顺。能源低碳法立法的市场机制的基础配置作用在立法上没有得到很好地体现，与我国社会主义市场经济体制不相适应。

①能源基本法完善

"在现代社会中，事物的权威性和规范性主要源于法律的授权和规定。"目前，我国已经施行了《电力法》《煤炭法》《节约能源法》《可再生能源法》等能源单行法律。在能源问题日渐成为关系国家安全的领域，制定一部系统的、综合规范能源开发利用和管理行为、反映低碳理念的基本法就非常必要。能源基本法的出台将健全中国能源法律体系，为能源领域单行法律的制定和修改提供法律依据，同时也有助于解决能源单行法之间以及能源单行法与其他法律之间的协调问题。

②《中华人民共和国可再生能源法》

自 2006 年 1 月 1 日《中华人民共和国可再生能源法》颁布实施以来，第一，出台配套法规制度，提升可再生能源发展法治化水平；第二，落实资源调查和规划制度，引导可再生能源发展方向；第三，加强产业指导和技术创新，大力扶持可再生能源产业发展。《中华人民共和国可再生能源法》是为了促进可再生能源的开发利用，增加能源供应，改善能源结构，保障能源安全，保护环境，实现经济社会的可持续发展制定。

与此同时，国家能源局会同发展改革委发布了可再生能源产业发展指导目录，为制定支持可再生能源发展财政、税收等政策提供依据。可再生能源产业示范项目稳步推进，电网接入和运行技术水平不断提高，为可再生能源大规模发展和消纳提供有力支撑。

随着技术装备水平不断提升，可再生能源开发利用规模扩大。2018 年，全国可再生能源发电量达 18670 亿千瓦时，比 2005 年提高 10.6 个百分点。其中非水可再生能源发电量是 2005 年的 91 倍，总装机容量是 2005 年的 94 倍。我国风电、水电、光伏发电的累计装机规模均居世界首位。但也存在相关规划尚未充分衔接的问题，一是各级可再生能源规划衔接不够，二是可再生能源开发规划与电网规划实施中缺乏衔接。可再生能源消纳压力仍然较大，由于一些可再生能源资源富集的重点地区缺乏针对性政策安排，可再生能源电力消纳压力很大，一定程度影响和制约了可再生能源的快速健康发展。与相关财税、土地、环保等政策衔接不够，一些地方，相关部门监管协同不够，可再生能源开发利用与土地管理、生态环境保护等政策衔接不够，可再生能源开发规模、建设布局受政策调整影响较大。可再生能源技术研发应用仍需加强，一是部分核心技术研发能力要增强；二是电网接入和运行技术有待快速提升；三是生物质能相关技术有待突破。此外，可再生能源的技术瓶颈有待突破，受自然条件的限制，可再生能源发电很不稳定。在技术上，现有电网对于间歇电的抗冲击能力有限，而智能电网和大规模储能电池等还没有推广开来，大量的间歇电涌入势必造成电网瘫痪。对此，《国家中长期科学和技术发展规划纲要（2006—2020年）》已将此作为研发的重点。

2. 资源型城市转型要遵循低碳发展原则

（1）调整经济结构

产业结构不合理，加大了资源环境压力和就业压力，也制约着国民经济整体素质的提高和经济的持续发展。在减排方面，调整经济结构具有决定性意义。党的十八大以来，我国于2015年制定了《生态文明体制改革总体方案》，将建立绿色金融体系纳入国家战略之中。我国在"十三五"规划纲要中提出，实施绿色金融发展战略，以促进我国绿色金融发展。2016年8月我国出台了《关于构建绿色金融体系的指导意见》，这意味着我国政府将绿色金融正式上升为国家发展战略。

（2）发展循环经济

循环经济是为化解经济增长与环境和资源的矛盾而发展起来的，主要关注以下三个环节：首先从生产源头上通过提高资源能源的利用效率，减少进入生产过程的物质量；其次是在生产过程中通过对副产品和废弃物的再利用，减少废物的排放；第三是在产品经过消费不是简单抛弃，而是经过处理后变成再生资源回到生产的源头。也就是我国《循环经济促进法》中所界定的减量化（Reduce）、再利用（Reuse）、资源化（Recycle）原则（简称3R原则）。它把原来单线程的经济发展模式，转变为依靠生态型资源循环来发展的经济。与低碳经济相比，二者虽然发展重点各有侧重，但其终极目标是一致的。循环经济关注的是提高生产、流通、消费领域所有资源能源的利用效率，所有废弃物排放的最小化，包括温室气体的排放。它是适应工业化和城市化全过程的经济发展模式。低碳经济的关注重点是低碳能源和温室气体排放，这是与发达国家经济发展阶段相对应的。发展循环经济是我国当前经济发展中的必然选择，也是发展低碳经济的基本方面。

3. 低碳产业在法律执行中的问题

第一，相关政策的推行，无论是节能减排还是压缩过剩产能，都是单纯依靠行政力量的推动。现在还有单纯依靠政治推动与行政问责来实现，政策一刀切，需要重视市场作用的发挥和长效机制研究。第二，法律保障与配套机制的完善。低碳经济的发展与社会转型是一个长期的过程，但从短期来看，对传统能源的依赖以及转型的成本等是我们当前不得不考虑的问题。要继续加强激励机制，如通过专项转移支付方式对经济落后地区淘汰落后产能给予财政支持和奖励，引导经济结构调整和产业升级，企业和地方政府节能减排的激励与约束都非常不足。

第二，法律的相互协调与配套。税收政策一方面会加强对碳排放和高能耗的约束，另外一方面是对提高能效、发展新能源的激励。前者如英国开征的碳税；后者如税收抵减、返还、加速折旧等，优惠对象包括特定技术或是含特定技术的商品，以及达到特定标准的企业和工业部门。在荷兰，通过"能源投资减负项目"，可以将节能设备年度投资成本的55%从采购当年利润中扣除。1991年荷兰推出了"加速折旧与环境投资计划"，允许使用环境友好设备的企业加速计提折旧。对于前者，我国也正在筹划环境税或碳税的制定，同时也在进行着资源税的改革。对于后者，在2008年制定的企业所得税法中也有所体现。

第三，政府补贴与政府采购制度。首先是政府"低碳"采购，即政府购买和使用符合低碳认证标准的产品和服务。绿色政府采购体系最终能够培育和发展环保市场，促进环保节能市场的壮大。其次是政府补贴。在促进低碳经济发展中，政府补贴在弥补市场机制的不足、促进市场的发育和形成方面发挥重要作用，如低碳技术的研究与商用、低碳技术与设备的运用与扩散、低碳产品（如新能源）使用的补贴等。

4. 低碳时代我国应对碳关税贸易的路径思考

随着全球步入绿色环保的低碳时代，西方发达国家先后提出了碳关税的概念。碳关税是发达国家贸易保护主义新兴的表现形式。碳关税对我国低碳经济的发展既有正面的促进作用，又有负面的消极作用。我国应从国际与国内多个层面积极应对，一方面进行合理的约束，另一方面要对发达国家的贸易保护主义予以坚决的回应和抵制。

## 五、资源型城市生态转型要重视学校生态教育

改革开放四十年来，特别是党的十八大以来，我国不断深化价格改革，为节约能源、促进结构调整发挥了重要作用。提出将把实现经济、社会和环境的可持续发展作为绿色发展的目标；把环境资源作为社会经济发展的内在要素；把经济活动过程和结果的"绿色化""生态化"作为绿色发展的主要途径和内容。促进环境保护，减少能源消耗，实现资源的可持续利用。构建以政府为主导、以企业为主体、社会组织和公众共同参与的环境治理体系，让环境管控发挥绿色发展的导向作用。当前迫切需要建立环境管控的长效机制。推动技术创新，鼓励发展绿色产业，使其成为替代产业，有效引导企业进行绿色转型升级，接力经济增长。

学校作为一个塑造灵魂和培养人才的平台，同时也肩负着宣传国家政策，传播社会发展理念的重任，肩负生态

教育的责任义不容辞。生态教育，就是使学生通过学习环境保护、可持续发展等一系列课程，使其树立牢固的环境保护意识和理念，为改善我们的环境和可持续发展打下基础。教授环境保护知识和其他的相关知识，培养出具备环境意识并掌握环境基本知识的学生，从而使学生进入社会后播撒"绿色的种子"。各级学校在生态文明建设中承担着培养具有高度生态文明素养人才的任务。提高学生的生态文明认知、生态保护意识和行为、生态保护技能等基本内涵与综合指标，固化和推动学生善待自然万物的人生认知与行为方式。

1. 国内外生态教育的现状与趋势

（1）国外绿色教育研究的现状和趋势

20 世纪初，生态问题已经成为一个严重的社会问题，危及人类的生死存亡。而生态危机的深层次原因，不少学者都认为是人的观念和精神出现了问题。法国哲学家 A·施韦兹最早提出了创立"生态伦理学"概念，于 1923 年发表了《文明的哲学——文化与伦理学》的文章。他将人与自然的关系看成是一种文化关系，他认为生活中的所有生物，无论他们对苦乐的感受能力如何，都是道德的对象。他开启了人们对生态伦理问题的思考与探究。美国学者奥尔多·利奥波德提出了"大地伦理学"思想，从整体主义立场出发，把人与地球视为统一的共同体，他指出地球是一个生命的有机体，我们是大地共同体的一部分，人类从属大地。

生态教育最早受到关注的是可持续发展教育。至 20 世纪 90 年代，首先提出生态教育思想的是美国密歇根大学教授贝尔·斯泰普，他指出："生态环境教育就是培养拥有生物自然界知识、知道如何解决生态问题，并具有投身生态运动动机的公民。"教育"生态化"的概念是美国学者首先创用的，是指用人和自然协调发展的观点去认识和思考问题，将生态学原则渗透到人类的全部活动范围中，并根据自然和社会的具体可能性，最优地处理人和自然的关系。

目前，美国、英国、俄罗斯、挪威、新西兰、德国、瑞典、韩国、日本等均建立了规范有序的学校生态教育。

美国野生动物保护机构（National Wildlife Federation，简称 FWF），2001 年调查了美国当时高等院校的生态教育状况，报告显示，在美国，四大类生态环境教育或研究课程在学校普遍开设《可持续生活方式的实践》《地球自然生态系统的基本功能》《支撑环境持续性的政策》《人类活动与环境持续的相关性》等科目，非环境类专业学生的必修课之一是《环境教育》课程，《环境教育》课程在学校的占比为：13% 的学校规定所有学生必须修读，7% 的学校是其多数学生的必修课，18% 的学校是其部分学生的必修课。在美国，45% 的学校设置了环境类辅修专业；44% 的学校设置了环境类主修专业；61% 的学校设立了跨学科生态培养计划，因此学生毕业后可以有机会申请持续发展或环境方面的学位。

瑞典是"欧洲生态学校计划"（Eco-Schools Program）的主要参与国。环境教育在瑞典，最早始于1962年版《中学生物教学大纲》，教育的核心放在"唤醒对自然的责任"上，并在课本中大量涉及了环境保护方面的问题。人类历史上第一次正式的环境会议是1972年斯德哥尔摩人类环境会议，从那时起，瑞典一直致力于环境保护的宣传与实践。

1997年，瑞典"21世纪议程"全国委员会向政府提议出台面向全国的环境教育大纲建议瑞典国家教育局、环保组织、教育机构三方合作，制定一套环境评价标准，以适应各个级层的教育机构。为了达到学校参与生态可持续发展的社会目标，瑞典国家教育委员用不到一年的时间制定出环境学校的特色标准。1998年9月，教育部和科学部又共同推出了一份"环境学校的特色"文件，瑞典国家教育局纲领性教材《瑞典绿色学校指导手册》同时又发布了《SKOLFS1998：22》（《绿色学校奖罚条例》）。至此，绿色学校的名称正式出现，瑞典的绿色学校建设开始实施。

为鼓励各国都积极参与绿色学校的建设，欧洲环境教育基金（简称FEEE）在20世纪90年代发起"生态学校计划"的项目，该项目在欧洲范围内进行了推广，从而产生了学校教育层面一系列的"为了环境"行动。截至2017年的统计数据，此项目已有超过20个国家的10000多所学校参与。

（2）我国生态教育的现状

我国是从20世纪70年代开始意识到环境教育的重要

性，并与世界生态教育趋同。中国的环境意识在 20 世纪末期才被有意识地培育，1992 年，在苏州首次召开的全国环境教育工作会议上确定了未来环境教育的指导思想，提出"环境保护，教育为本"的理念。之后，我国开始逐渐形成了一个具有中国特色的，多规格、多形式、多层次的环境教育体系。1994 年，国务院颁布《中国 21 世纪议程——中国 21 世纪人口、环境与发展白皮书》，明确指出："加强对受教育者的可持续发展思想的灌输。"以学校为平台传授环境教育的相关知识，来促进学生环境意识和环境行为的提高和养成，培养学生的环境素养为目标的《全国环境宣传教育行动纲要（1996—2010 年）》中又强调了绿色学校创办的必要性。自此，绿色学校教育理念在全国各级学校开始推广开来。教育部于 2003 年颁布了《中小学环境教育实施指南》和《环境教育专题教育大纲》两个文件，为全国中小学生环境教育提供了直接依据。截至 2017 年，我国高等院校已向社会培养输送了数以万计的环境科学专业人才。有 200 多所学校增开了各层次（博士研究生、硕士研究生、本科、大专）环境专业教育课，设置的专业多是以生态保护类和污染控制为主，培养他们具备城镇声、水、气、固体废物等污染防治、污染控制规划、水资源保护和给排水工程等专业知识，能够胜任在政府、规划、环保、资环开发、经济管理等相关部门的工作。

　　目前，我国已有 50000 多所中小学开设了环境教育课程。教育部、环保部编撰的教材、书籍共计 60 余种，发行约 200 万本。截至 2018 年，我国初步形成了环境基础教育网络，绿色学校的数量达到 10 万多所。很多学校把创建"绿色学校"活动当作学校的发展目标。其后的 10 多年间，我们不仅更加重视环境教育，而且使其不断向规范化的方向发展。一批环境保护相关的政策和文件相继出台。我国的环境教育逐步转向生态教育，2005 年，《国务院关于落实科学发展观加强环境保护的决定》提出加强环境宣传教育倡导生态文明建设的要求；2007 年，胡锦涛提出建设生态文明的目标，又一次为我国生态教育指明了方向。2012 年，党的十八大报告中指出，要"加强生态文明宣传教育，增强全民节约意识、环保意识、生态意识，形成合理消费的社会风尚，营造爱护生态环境的良好风气。"更加突出生态文明建设。与之相呼应，各级学校将形成学校绿色教育体系、推广绿色生活方式、加强绿色发展研究、形成绿色课程体系、进一步深化学校绿色发展理念，作为学校生态教育的目标。

2. 我国学校生态教育的现状与困境

理念、制度、技术三个层面是生态教育向前推进的抓手。就我国目前情况看，生态教育体系建设仍存在对生态教育重要性认识不足、内容空泛、法律地位不明确、实践制度化程度低、参与机制不完善等问题。

（1）社会普遍的生态保护观淡漠，增加了教育的难度

社会文明的进步与经济的发展相互联系，它对经济发展的作用有利有弊，有时对经济发展起促进作用，有时对

经济的发展起阻碍作用。人与自然的关系问题是人文理念重要的内容之一，这个问题贯穿在人类文明发展与产生的过程之中，我们该以怎样的方式生存？怎样对待我们生存的环境？人们若不改变生活方式，资源绿色生态发展又从何而来？城市生态发展与我们的生活方式息息相关，生态发展也应与全社会的文化和经济系统融为一个整体。

兴起于 19 世纪 70 年代的人类中心主义和非人类中心主义在西方国家已争论多年。众多激烈的争论表明，在社会经济生活中，仅有少数人真诚且自觉地将绿色生态发展观落到实处。对市场经济的理解不够充分，导致在社会发展中人们普遍遵循经济效益至上的原则，生态效益往往被抛诸脑后，不少人误解或曲解了市场经济的"逐利性"。一些人狭隘地认为，市场经济就是获取利益的过程，即使对环境造成了污染，对资源造成了浪费，也没有关系，因为这是经济发展过程中的必经之路。

一组数据显示了我国在资源问题上严重的态势：由于在较长时间内生产方式落后，劳动密集型产业集中，导致我国 1 美元生产总值的能源消耗，是美国的 4.3 倍、加拿大的 3.3 倍，是德国和法国的 7.7 倍、英国的 5.3 倍、意大利的 8.6 倍、日本的 11.5 倍，单位国内生产总值的用水量是世界平均水平的 4 倍；单位国内生产总值消耗的钢材、铜、铝、铅、锌，分别是世界平均水平的 5.6 倍、4.8 倍、4.9 倍、4.9 倍和 4.4 倍。近年来，在大力推动科技创新的政策指导下，我国单位能耗已经在逐步降低。2016 年，我国单位国内生产总值能耗下降5%，经济发展的质量和效益明显提高。但高能耗问题依然是困扰我国经济的一大问题。据统计，我国目前每创造1美元GDP所消耗的能源是日本的11.5倍、美国的4.3倍；能源利用率仅是日本的11.5%、美国的26.9%。要想改变这种高能耗、低产出的局面，就必须努力减缓经济发展速度，大力发展循环经济，建设节约型社会，以科教兴国和人才强国战略代替资源的无序消耗。

事实上中国在古代一直强调"道法自然""天人合一"的生态理念。到了近代，由于我们追求经济的高速发展，绿色生态被人们有意无意地遗忘，而经济高速发展产生诸多环境问题后才被重提。目前中国人口密度约是世界平均密度的3.3倍，人口的膨胀导致我国的人均资源贫乏，土地、森林、有色金属、水、煤炭和石油储量都远低于世界平均水平。巨大的人口数量导致资源消耗的速度激增是一个重要原因。所有这些，都是人们在环境生态发展观念上的漠视造成的。

走出市场取向的困境，批判不合乎社会生态发展观念的悖论，是生态教育的难点所在。学校要成为科技文化兴盛之地和前沿领域，强力推动人与自然交互作用。

（2）学校生态观教育缺乏系统性、稳定性

生态观的教育政策比较空洞，且缺乏可操作性。生态观教育政策的原则和规定有很多，操作性不够强，只是具有倡导性，具体实施到教学中的规定和行为规则很少。目前，我国在环境基本法、行政法规、政府规划、专门性法律中有许多生态保护的纲领性规定，而关于环境宣传、教育规定与措施则明显不足。

在学校人才培养方案上，应将生态教育列为长期的基本教育，与我国生态文明建设的重大战略和部署相呼应。生态观教育要贯穿于思想政治教育的过程中，对大学生应掌握的生态文明思想观念和生态保护技能做出明确而具体的规定。让前沿的生态观教育理念、人才培养的总体指导思想和基本原则在思想政治教育中充分体现，此外，应制定相应的生态观教育指标体系，渗透到职业方向和专业中去。大学生只有具备与专业素质相匹配的生态保护热情、态度、思想、意识和技能等基本生态素养，才能在以后所从事的社会生产实践活动中，以绿色发展价值观指导科学技术手段，去开发利用自然资源，同时用生态科学知识来保护和修复生态平衡。

（3）学校生态观教育落实到实践制度化的程度不高

学校开展生态观教育需要从实践出发。实践是生态观教育实施的重要途径，实践也是生态观教育的内在要求。通过实践，大学生通过与自然和社会的接触，对生态保护的基本价值有更深刻的认识，转变过去对人与自然关系的看法，掌握生态环境保护的基本知识，增长维护生态环境平衡的技能。目前，生态观教育只是起步阶段，生态观教育尚未形成体系，只是一些零散的教育活动。在高等学校教育活动中，生态观教育在思想道德教育中有部分内容，但并未引起广泛关注。生态观教育的实践教育也只在部分学校实施，有的学校有环保类的学生社团，有的学校有思政课和暑假社会实践，但大部分学校主要通过传统的道德说教来开展生态观教育，与社会生活和生产时间结合较少。如今的教育体系还不能站在社会生态优化的角度对生态观教育进行实践方面的设计。在社会生态教育活动开展过程中，通过建设生态环境教育基地和创建全方位绿色企业，以及全民创建绿色社区，来培养人们长期的绿色发展观念并使每个社会中的公民落实生态行为。

3. 学校生态教育的途径与建议

（1）重视生态观教育民主制度建设，健全公众参与的民主监督机制

生态观教育缺乏系统性和长期性。生态观教育本该是一项长期性的系统工程。作为一个教育新领域，生态观教育的发展和完善都需要一定的时间，这是一个长期性的过程。而且，目前社会成员的生态文明素质和意识基本上遵循着从无到有、从错到对的规律，可见正确的生态文明意识的形成与确立不是一蹴而就的。冰冻三尺，非一日之寒，人们从意识到外化行为的转变更是一个较长的过程，在实际生活中，不少人对生态文明行为存在知而不行的状况，这正是这一结论的有力印证。更重要的是生态观教育不仅仅是针对当代人进行的时代性教育，而是需要世世代代发扬下去的长期性教育。生态观教育工程的长期性这一特性，使我国生态观教育发展的速度较为缓慢。

公众参与包括在生态观教育体系建设中，这是生态教育的基础和目标。从国际经验来看，公众的"自下而上"参与除了政府的"自上而下"推动和引导之外，是绿色发展不可或缺的因素。基层社区、民间团体、企业，都应当参与到生态保护与发展的事业中，通过听证制度、公益诉讼、专家论证、传媒监督、志愿者服务等方式共建美丽中国。

（2）生态观教育制度化与思政课紧密结合

为解决当今生态观教育存在的随意性问题，教育部门应制定若干具有法律保障的硬性规定，确保学校生态观教育顺利开展。

学校在制定人才培养方案时，可以设立相关机构，例如生态教育指导委员会等，全面负责和开展学校的生态教育工作，主要包括课程的设置、教材的选择、制定生态教育的规划以及教师的生态教育培训和进修等。只有这样，学校的生态教育才会日益走上系统化、规范化的道路。在教学管理上，对学生的生态修养、生态价值观提出明确要求。保证规范教学，调整课程设置，在每个专业的课程设置中贯穿生态教育类课程；也可以采取学分制，要求学生必须将生态教育类课程相应的学分修满。

首先，从生态观教育教材体系的构建着手，培养学生的生态意识。学校与科研机构长期从事教学、研究与开发活动，其卓越的资源配备可以为生态观教育的发展提供理论创新、科技创新和人才培养等方面的支持，在先进理论与教育方法的指导下，为我国生态教育培育更加专业的教育人才。我国学校思政课虽然涉及绿色发展的内容，但力度还不够，将党的十八大以来出台的一系列绿色生态发展的政策研究作为理论基础和指导思想，完善学校绿色发展教育的体系。形成教材、多媒体课件、教学实践、网络平台于一体的合理教学系统。

其次，将生态意识培养研究贯穿于思想政治教育体系。从总体来说，生态意识包括两个方面，即生态和谐意识与生态持续意识。将生态意识培养研究贯穿于思想政治教育体系。生态意识从根本上决定着人类对生态环境的态度和行为方式，生态观教育应努力使每一个有行为能力的人都有较强的保护生态的意识。通过学生社会实践，培养学生自觉的绿色生态理念。

再次，生态知识普及体系，包括网络平台的宣传教育体系的建立。现在，人们日益依赖网络多媒体平台，多媒体平台是有效的宣传生态生产、生态消费、循环经济、绿色 GDP 等理念的途径。如今，地球生态环境日益恶化，自然资源日益枯竭，污染现象普遍存在。人们的环境科学知识缺乏是造成这些现象的原因之一。如草原垦田、伐树造田，造成不可逆转的生态破坏。构成生态系统的空气、水、岩石、土壤、动植物和人等要素，相互作用、相互依存、相互制约，整个系统的结构庞大而复杂，人在这个系统中起到至关重要的作用。地球常规生态的消耗并不能无节制，它的承载能力有限，当超负荷运转时，它的稳定性，即我们所说的生态平衡就会遭到破坏。目前，人们只考虑如何在不受限制的情况下控制自然并从自然中获得利益，从而在不尊重自然规律和生态系统本身的情况下实现自己的目标。人们缺乏自然科学知识，是生态意识合理建立的一大障碍。因此，我们须广泛传播现代生态科学知识，通过唤醒人们的生态意识特别是青少年的生态意识，来提高他们的生态素养，以期改变当今的种种乱象。

最后，生态教育法制研究。中国有一系列的相关法律制度，治理环境污染，保护环境和自然资源等。环境保护法律制度由国家宪法、环境保护基本法、环境保护法律法规和其他部门法中的环境保护法律规范所构成。这些法律法规是进行生态教育过程中的重要一环，对公民广泛普及生态法律知识，使公民知法、懂法、守法。进行生态法制相关的普法教育，提高公民法治观念的同时，培养他们知法和守法的自觉性。学校要通过相应的普法教育，帮助学生树立正确的生态文明法律意识，自觉约束不规范的生产和生活活动，使其能够自觉遵守国家环境保护的相关要求，以期从根源上消除破坏环境的违法行为。

4. 学校应当注重生态技术伦理研究

学校作为基础研究机构，拥有创新发展的责任和能力，应格外注重绿色发展技术伦理研究与各专业的结合。

绿色发展技术伦理是可以让现代技术伦理发挥作用的一种新兴思维方式，即通过一定的技术设计，把道德理念"嵌入"相关技术人工物的功能之中，使人们在操作这些技术人工物的过程中可以得到相关道德的引导和规范，对他们的决策和行为产生积极影响，通常被称为"道德物化"。"道德物化"的思想是由名为阿特胡斯的荷兰学者最先提出的，经过彼得－保罗·维贝克的后续研究得到发展和深化，并形成了一个较为完整的理论。维贝克的研究使"道德物化"形成了一个完整的理论架构，即"技术中介理论"。这种理论认为，人与世界的关系是通过技术来调节的，它影响着人和世界这双方呈现于对方面前的方式。人的主观性和世界的客观性在技术的调节之下都得到了重新塑造。因此，人们的决策和行为可以通过技术的调节有意地"嵌入"一定的伦理因素。"道德物化"思想首先在当今的工业设计领域和社会领域付诸实施，比如斯坦福大学的福戈教授提出的"劝导技术"设计和华盛顿大学的弗里德曼教授研究的"价值敏感性设计"，二者都是"道德物化"思想的进一步发展。如汽车的新能源设计，既避免了传统汽车尾气对空气、对大气层测的破坏，又实现了我们对汽车性能和技术参数的要求。

社会与学校应当在科研奖励政策的制定上，倾斜技术伦理研究。通过科技创新、利益协调、税收政策等途径，解决环境保护与企业、个人利益相冲突的矛盾。

# 第三章　资源型城市转型过程中的科技创新能力提升

资源型城市实现战略转型，必须依靠产业结构的合理优化和产业科技创新能力的提升。在部分产能过剩的前提下，通过增加传统生产要素的投入实现经济高速发展已不可持续，科技创新应成为当前产业发展的主要驱动力。无论是资源成长型城市面临的可持续发展问题、资源成熟型城市面临的产业链延伸问题，还是资源衰退型城市面临的新产业植入及新主导产业扶持问题，都需要科技创新的大力支持。资源型城市的转型过程也是培育和发展战略性新兴技术产业的过程，新材料、环保节能、新兴信息产业、新能源、生物产业、高端装备制造业和新能源汽车等将成为城市发展的主导产业。资源型城市必须有意识地把握主动权，积极提升中小企业的科技创新能力，加速发展资源型城市新的产业支柱。

党的十八大明确提出"科技创新是提高社会生产力

和综合国力的战略支撑，必须摆在国家发展全局的核心位置"。习近平总书记则多次强调"我国经济发展能够创造中国奇迹，民营经济功不可没"，民营经济"在稳定增长、促进创新、增加就业、改善民生等方面发挥了重要作用，成为推动经济社会发展的重要力量。支持民营企业发展，是党中央的一贯方针"。民营企业的良性发展不仅能够推动新技术产业发展，还是推动社会进步的重要力量。而良好的政策环境是民营企业科技创新的催化剂。2010 年至2019 年，国家机关共出台了 680 项科技创新政策文件，对民营企业的科技创新的政策激励在探索中前进，但现实情况显示，仍存在现行部分政策存在激励不足和执行效果欠佳等问题。鉴于此，对民营企业科技创新激励政策进一步研究显得尤为重要。

## 一、创新激励政策研究

资源型城市转型过程中企业创新激励机制研究。激励研究发展到今天，已然成为企业人力资源管理领域的战略性课题。可以说，激励机制运用得好坏在一定程度上是决定企业兴衰的一个重要因素。在资源型城市转型过程中，如何吸引优秀人才，激发人才的创新能力，对城市转型及可持续发展十分重要。然而，如同其他领域的改革一样，恰恰是走到了这样的一个时刻和水平，相对突出的矛盾、容易解决的矛盾都已经解决了，改革也就自然而然地进入了"深水区"，其所面临的问题更加深刻，解决起来也更为困难。这就是今天大多数资源型城市中，国企改革过程中激励所面临的现实。

资源型城市有其特殊性：一方面，作为社会主义国家国民经济的主力军，国有企业在经济发展、社会稳定方面承担着重要、关键的责任；另一方面，由于国家将大量的资本、资源、经营权力授权给国有企业，这就决定了这一群体的行为在绝大多数情况下不是完全的市场行为。从某种程度上说，国有企业公共组织和兼有企业的双重特点，这也使国有企业激励机制更显复杂，也使激励机制存在一些内在矛盾。由此，随着政企分开和两权分离进一步展开，激励机制的作用更加突出，如何运用好激励机制也就成为各个企业在转型过程中面临的十分重要的课题。

针对企业科技创新激励政策，国内外学者进行了长期研究与理论创新，提出了不同的实证分析和理论创新。

1. 国外有关企业创新激励政策研究

发达国家运用支持企业科技创新的政策，推动和促进了企业的科技创新进步，成为国家科技创新的重要力量。马静婷，王淑梅，简桂在"融资对中小企业技术创新影响的研究"[①] 中也指出技术创新关系企业的未来，政府只有给予技术创新扶持，中小企业的发展才有出路。

早期的创新激励主要针对市场调控和企业员工。"市

---

① Jingting Ma, Shumei Wang, Jian Gui. 5 Issue: 8 Year: 2009 'Korean Wave'

场失灵"理论的出现为创新政策对创新过程的干预提供了合理性和合法性。理查德·纳尔逊（Richard R. Nelson）和肯尼斯·阿罗（Kenneth J.Arrow）指出，仅仅通过市场因素的激励不能保证全社会创新资源的最优配置（1959—1952年）。

提出创新政策应着眼于创新活动的全过程，通过整个创新链条来鼓励投资，包括从初始发明、改进创新，再到应用扩散，旨在为创新活动提供方便，使创新过程更为顺畅。（Johan Schot，2014）；经济学家德鲁克认为技术创新活动是整个企业、乃至企业外部相关者的共同活动，而非是某一特定主体的职责。因此激励措施也应当围绕这样一个知识生态链条展开。对高新技术企业的技术创新激励，要对参与技术创新过程的所有相关主体进行激励。"政策组合（Policy Mix）"的概念在 21 世纪初期从经济政策辩论导入到创新研究范畴，这一概念表明应该关注不同政策之间的互动作用与相互依赖性，这些互动作用可以影响预期政策结果的落实程度。（2000 年）

对激励政策本身的研究也是学者重点关注的内容。国外研究科技创新政策比较早，无论是理论上还是实践上都为企业科技创新提供积极的帮助，效果明显，极大地提升了企业的国际竞争力。但中外存在着巨大的经济发展差异，不能简单地照搬挪用，需要结合中国国情、民情和企业实情来加以研究才更为实际。

2. 国内关于创新激励政策的借鉴研究

美国等十余个国家和地区出台的六大类民营企业创新政策有直接资助政策、税收优惠政策、金融支持政策、企业孵化政策、市场支持政策、创新扩散政策等（汤临家，2014）。日本从科技立法、融资政策、财税优惠政策、技术引进政策、社会服务体系等方面促进民营企业科技创新（李青松，2011）。美、英、德、法、日、俄、韩、新加坡等国家采取的政策法规体系有系统性国家自主创新、保护创新成果、重大自主创新项目遴选与资助、企业自主创新主体、重视教育与培训、促进创新成果产品转化、多形式支持创新投入等（钟劲松，2011）；美国主要的创新政策有立法支持政策、财税支持政策、创新服务支持政策等（王心如，2009）；国外科技创新政策主要涉及法律法规政策、科技投入政策、税收优惠政策、政府采购政策、金融及风险投资政策、产业扶持政策、知识产权政策、培养和引进科技人才政策等（赵敏，2019）。

3. 关于企业创新激励政策的研究

（1）综合政策研究。科技政策作为政府引导、激励、支持、调整创新活动以及成果应用的工具，其政策实施效果如何，是否达到政策预期并满足实践活动要求，引起了众多学者的关注和重视。基于技术创新政策，促进民营企业发展。应从保证民营企业创新主体地位，市场竞争牵引企业科技创新，加快完善民营企业融资体系、完善民营企业服务体系、提升创新效率等五个方面，对现有的政策进行清理完善（刘国雄，2014）。

（2）激励效果和路径研究。定量评估税收优惠政策的激励效果，对于发挥税收政策的调节优势、建设创新型国家，具有重要现实意义（2014，贺康）。基于成都企业的调查数据，运用倾向性评分匹配（Propensity Score Matching，PSM）法对不同层次、不同类型科技创新政策的处理效应进行了估计（2017年，王敏等）。企业规模对创新政策绩效的影响研究认为定量评估税收优惠政策的激励效果，对于发挥税收政策的调节优势、建设创新型国家具有重要现实意义（蔡绍洪，2019）。科技政策对国家高新区创新驱动发展的影响路径：资源投入型路径、资源协作型路径、内敛规制型路径和外向规制型路径（李兆友，2019）。综合研究创新政策的历史变迁与未来趋势（黄幸婷，2020）。

（3）创新激励的研究主要针对企业员工。从完善薪酬制度、健全考核机制、实施多样化激励措施等方面，论述新时期创新型企业核心人才激励机制的构建措施（刘会明，2019）。"以后端共享、促前端创新"，营造良性的创新氛围，激发持续性创新动力，推动企业人力资源管理水平的不断提升，实现企业和员工的双赢（王丽峰，2018）。

综合国内外相关研究，围绕企业面临的技术创新问题的激励对策，涉及法律、金融、财税、社会化服务各个方面。国内早期研究基本上遵循了借鉴经验—结合实际—提出对策或政策这样一个模式，从完善法律、更新政策、扶持资金、优化服务等方面制定并完善科技创新政策。现有研究思路主要按两条线索展开：一是基于知识市场失灵和融资供给不足的分析框架，来研究政府资助行为对企业创新投入的影响；二是基于政府研发激励存在的情况，研发投资绩效是否得到有效提升的问题。

　　国内对政策效能的研究刚刚起步，政策协调性研究尚不多见，政策激励的长效机制研究还少有人关注，有待进一步从宏观上研究科技创新激励政策的整体协调和与时俱进，以及政策效能的研究。

## 二、资源型城市转型要重点关注中小企业

　　中小企业是资源型城市转型的重要推动力量。实践表明，资源型城市越早实现转型，越能更好把握城市发展的主动权，转型的成本也相对越小。而在资源型城市转型的早、中期，中小企业往往是资源型产业链延伸的主要推动因素。中小企业调头快、调整快，因而成为资源型城市转型中新产业布局的后备力量。但中小企业由于资金短缺、科技人才有限、科研条件不足，往往导致科研能力不足，也容易成为城市技术创新的制约因素。因此，形成产学研相互促进的科技创新局面，顺利实现知识转化应用，成为地方政府的必然选择。科技创新工作要以地方科技需求为导向，为地方经济发展服务，通过构建信息、知识产权、投融资创新创业平台，提高城市的内在发展动力。此外，

我国区域间差异性显著。在科技资源丰富地区，科研院所、高等院校往往是科技创新的主要推动者。而在科技资源相对缺乏的城市，如何挖掘科技创新主体、探索科技创新途径，使科技创新成为城市发展的强大引擎，就成为必须解决的重要问题。从国内外发展经验看，在一些科技资源薄弱地区，企业特别是中小企业往往会成为城市科技创新的重要主体。可见，在今后相当长的发展时期，中小企业应作为我国大部分资源型城市科技创新与经济发展的重要推动力量之一。改革开放以来，中小企业成为我国经济社会发展的重要力量，其技术创新能力关系着我国经济发展的质量和社会和谐稳定等重大战略任务的实现。我国中小企业数量庞大，按照企业注册数目统计，全国合计超过 6600 万户，占全部市场主体总量的 99%，创造了 60% 以上的国内生产总值、50% 以上的税收及 65% 的发明专利、75% 以上的技术创新、80% 的新产品。从工业企业统计数据来看，我国中小企业数量占规模以上企业数量的 98%，总产值占全部规模以上企业总产值的 64%，销售收入占全部规模以上企业销售收入的 63%，应交所得税占全部规模以上企业应交所得税的 60%，利润占全部规模以上企业利润的 63%。

## （一）中小企业户数同比减少 6494 户

2018 年年底，我国有中小企业 36.9 万户，比 2017 年年底减少 6494 户企业，2011 年以来首次出现负增长；

占全部规模以上工业企业（以下简称"规上企业"）户数的 97.6%。其中，中型企业 5.0 万户，占中小企业户数的 13.5%；小型企业 31.9 万户，占中小企业户数的 86.5%。如图 1 所示。

（二）主营业务收入同比增长 8.4%

2018 年，中小企业实现主营业务收入 57.9 万亿元，占规上企业主营业务收入的比重为 56.7%，同比增长 8.4%，增速比上年回落 0.9 个百分点；比同期规上企业增速（8.5%）低 0.1 个百分点，比大型工业企业增速（8.7%）低 0.3 个百分点。其中，中型企业实现主营业务收入 23.3 万亿元，同比增长 8.7%；小型企业主营业务收入 34.7 万亿元，增长 8.1%。

（三）主营业务成本同比增长 8.0%

2018 年，中小企业主营业务成本 49.3 万亿元（占规上企业主营业务成本的 57.5%），同比增长 8.0%，比上年回落 1.2 个百分点；比同期规上企业增速（8.3%）低 0.3 个百分点，比大型企业增速（8.6%）低 0.6 个百分点。其中，中型企业主营业务成本 19.4 万亿元，同比增长 8.3%；小型企业主营业务成本 29.8 万亿元，同比增长 7.8%。每百元主营业务收入的成本为 85.06 元，比上年回落 0.99 元。其中，中型、小型企业分别为 83.62 元、86.03 元，比上年分别降低 1.20 元、0.81 元。

## （四）利润总额同比增长 11.4%

2018 年，中小企业实现利润总额 3.4 万亿元，占规上企业利润总额的 51.6%，同比增长 11.4%，增速比上年回落 1.5 个百分点；比同期规上企业增速（10.3%）高 1.1 个百分点，比同期人型企业增速（9.2%）高 2.2 个百分点。其中，中型企业利润总额 1.6 万亿元，同比增长 11.0%；小型企业利润总额 1.9 万亿元，同比增长 11.8%。

## （五）中小企业亏损面为 15.2%

2018 年年底，中小企业亏损 5.6 万户，企业亏损面为 15.2%，比上一年年底缩小 0.1 个百分点，比上一年年底扩大 3.4 个百分点，比同期规上企业亏损面（15.1%）高 0.1 个百分点，比大型企业亏损面（13.7%）高 1.5 个百分点。其中，中型企业亏损面 16.5%，小型企业亏损面 15.0%。

可以说，资源型城市中的中小企业担负着活跃市场经济、增加社会就业、扩大产品出口、增加外汇储备、推进技术创新、提高市场竞争力，特别是承接产业转移接续、调整优化产业结构的重要任务。没有中小企业的转型，资源型城市保增长、保就业、保稳定就很难实现，经济发展方式转变很难真正落到实处。中小企业的创新发展关系到资源型城市创新驱动发展的成功实现。

### 三、资源型城市中小企业科技创新存在的主要问题

虽然中小企业在资源型城市的经济发展中占有重要地位，但仍面临诸多问题。正视中小企业科技创新存在的主要问题，是中小企业发展壮大的关键，是政府为中小企业排忧解难的基础，更是实现创新发展的重要前提。

#### （一）尚未形成有利于中小企业创新的外部环境

公平的市场竞争环境有助于市场主体规范自身行为，并通过不断创新提升自身的市场竞争力，从而实现良性发展。但由于当前我国市场体系尚不完善、创新服务不到位，导致公平竞争的市场环境尚未形成。因此，遵循市场规律，通过完善市场经济体系、健全法律法规，为中小企业从事科技创新营造良好的外部环境，是促进资源型城市中小企业科技创新必须解决的重要问题。首先，资源型城市市场经济相关法律体系建设滞后。相对来说，我国资源型城市经济受传统计划经济影响更深刻且退出较晚，导致市场经济体制尤其是相关法律体系建设滞后。市场经济意识和市场管理能力弱，使资源型城市对市场规律的把握和市场机制的运用具有很大的不确定性和随意性。立法工作滞后，法律体系不健全，使市场发展得不到有效的法律保障，在中小企业科技创新方面更是处于法律真空状态。随着国家经济的发展和社会主义市场经济体系的逐步成熟，尽管资源型城市也逐渐加快完善相关法律法规体系的步伐，但在

中小企业发展方面仍然滞后，已与社会经济发展不相适应，不能充分发挥对中小企业从事科技创新的积极促进作用。其次，资源型城市的中小企业科技创新服务体系不健全。目前，资源型城市尚未建立市场化、社会化、网络化的科技创新服务体系，知识产权保护不力、服务较弱，不能适应多样化的市场需求。知识产权是权利人对其所创作的智力劳动成果所享有的专有权利，是科技创新特别是知识创新的成果展示，应受国家法律保护。但在现实中，中小企业因诸多因素而很难真正实现从科技研发到专利产品再到品牌价值这一发展过程。一方面，专利实行申请在先原则，而中小企业由于对科技创新信息普遍掌握得不充分，容易出现重复研究问题；另一方面，由于资金不足、人员缺乏等问题，致使中小企业专利维护成本过高，举证难、维权难是其中的突出问题。只有加强知识产权保护，中小企业科技创新才能实现成果涌现、有效保障、持续发展的良性循环。

## （二）创新意识淡薄且科技创新信息获取渠道不畅

创新是企业实现可持续发展的前提，缺乏技术创新能力的企业必然会遭到市场的淘汰。但由于多种原因的影响，资源型城市的中小企业普遍存在对技术和产品研发重视不够的问题。中小企业技术创新意识淡薄，主要在于创新存在一定风险，有可能由于创新失败而造成巨大损失。因此，一些经济效益较好的中小企业，由于守旧思想严重而不愿承担科技创新风险；一些处于起步阶段的中小企业则出于资金实力等原因，为避免高额研发资金损失而缺少科技创新的魄力，也不愿参与科技创新。尤其是资源型城市的中小企业，如果依托于资源型企业发展，则自主技术创新意识将更为淡薄。同时，目前资源型城市的中小企业科技创新信息获取渠道不畅。在市场经济条件下，虽然催生了很多信息公司，也逐渐走向产业化，但大多数中小企业受限于资金和技术等因素，很难得到其有效支持。此外，部分企业管理者自身掌握现代信息的能力有限，再加上不能迅速转变观念，对信息技术人员重视不足，导致企业在搜寻和筛选信息方面付出较大成本。一些企业甚至在获取自身行业相关科技创新信息方面，相对于政府公共平台发布的信息也仍有滞后。明显滞后于市场需求的科技创新信息进一步抑制了中小企业的创新动力，因此，破解信息闭塞、构建有效的科技创新信息平台已成为促进资源型城市中小企业转变观念的当务之急。

（三）科技创新资金来源有限，融资环境亟待改善

资源型城市科技创新的活力来自中小企业，而科技创新的实现需要金融的有效支持。但资源型城市中小企业面临的融资难、融资贵问题尤为严重，其融资环境亟待改善。由于中小企业规模小、风险大，其融资缺乏财产信任，导

致资金募集困难，即使成功上市融资，也易受市场波动的影响。而在贷款申请方面，中小企业往往面临贷款门槛高、贷款周期长、贷款实际利率高等问题。中小企业可抵押的有形资产有限，加之中小企业普遍存在财务不规范等问题，导致其获得银行贷款的门槛较高。从银行角度看，中小企业普遍信用等级偏低，意味着贷款风险更高，因而大多是通过提高贷款利率和手续费等方法来保障资金安全，结果导致中小企业背负沉重的贷款费用负担。同时，贷款申请过程中中小企业需要提供财务报表、验资报告等材料及第三方担保，再经过银行的层层审批后，才能确定贷款是否能够获批。尽管出于资金安全考虑，程序烦琐有其合理性，但这造成拥有审批权限的部门不了解实际情况、而熟悉中小企业情况的支行没有审批权的"审贷分离"问题。"审贷分离"是目前银行业普遍实行的管理模式，而这种模式主要适用的是大型企业。中小企业经营灵活，自有资金有限，因而对资金需求往往较为急切，其贷款申请不仅要经过银行支行审核资料、地市级分行甚至省级分行审批，而且贷款发放过程同样需要多个层级审批，待到中小企业真正获得贷款时，科技创新的商机往往已经错过。此外，市场竞争条件下融资成本不断加大，一旦超过一定限度，即使中小企业募集到资金，也只能负重前行，高额利息和费用以及各种风险使中小企业对资金的使用异常谨慎。科技创新不仅投入相对较大，而且创新风险较高，所以中小企业在高额的融资成本面前往往会选择追求短期经济利益。

## （四）科技创新层次低导致科技创新资源浪费严重

我国从 2010 年起一直保持专利申请量全球第一，但专利的转化率却与之相反，位于全球倒数，科研机构、高等院校等专利持有大户的专利技术转化率更低。目前，我国科研项目管理存在多头管理、布局不合理、把关不严、效率偏低、保障不力、服务不够等问题，"庞杂的体系，造成科研项目重复申报、科技计划碎片化等弊端"，使科技创新成果很难有效转化为现实生产力。数据显示，我国专利的转化率不到 4%。很多人申请专利并非为了创新发明，而只是所在单位的科研要求，或是单纯为了专利奖励。由于把关不严、标准过低等原因，加之不适当的奖励政策，导致我国很多专利华而不实，科技创新层次较低，严重影响科技创新资源的产出质量和效益。同时，一些高等院校和科研机构缺乏市场意识，存在科研选题与市场需求脱节、项目研究与服务推广脱钩、实际效果与预期目标不符等问题。一些科技创新研究项目与实际研究脱钩，导致大量科研成果处于闲置或"休眠"状态，造成科技资源的巨大浪费。一些科研项目不能及时根据市场需求变化进行调整，导致科研成果与市场实际需求存在偏差，企业转化动力不足。专利转化率偏低已成为制约我国企业实现产业升级和自主创新的重要障碍。

### （五）创新人才激励机制和创新协调沟通机制建设滞后

人才是创新的关键，技术创新人才已成为企业尤其是中小企业发展壮大的核心竞争力，是其能否实现可持续发展的关键因素。但由于客观环境和主观认知的限制，资源型城市的中小企业往往会产生一些错误的用人观念。局限于为资源型产业配套的传统认识，强调按资源型企业需要的"低成本"人才观，致使一些优秀人才引不来、留不住、等不及、升不了，无法潜心研究，反而成为企业的"救火队员"和"调剂对象"，而非企业创新发展的带头人、新引擎。人才无用武之地，科技创新无法推进，中小企业发展的可持续性无法保证。此外，资源型城市中小企业间的创新协调沟通机制不畅，产学研合作不力。产学研合作需要坚持优势互补、寻求共识、解决问题、深度合作的原则，在沟通协调中实现合作共赢。而目前资源型城市产学研合作由于缺乏沟通协调，导致科研项目与企业需求脱节、科技成果难以转化或转化率偏低等产学研合作不力问题。高校、科研机构与企业间缺乏默契，尤其高校和科研机构未能立足市场需求或企业需要进行研发，导致科研人员注重科技成果，忽视技术应用；注重核心技术研发，忽视配套服务，致使科技成果与市场应用无法实现顺利衔接。

## 四、资源型城市中小企业科技创新扶持对策

### （一）企业创新激励政策研究要关注的问题

民营企业创新政策借鉴了各国对企业创新激励政策的比较研究。各国针对企业科技创新政策运用的常见手段有以下三种经济手段：财政补贴、税收减免等；贷款优惠、股权融资、政府担保；外贸优惠；政府采购。法律手段：落实企业创新政策，维护市场秩序。行政手段：信贷、物资、外资等的配额；投资、生产经营、技术等的许可；经济信息传递；流通、分配、所有制、劳动制度等的改革等。不同的政策手段存在不同的政策效应，下面对各国不同的创新激励政策手段进行理论分析。

民营企业创新政策外向规制研究：民营企业创新政策效能的实证。政策往往是一种没有经过实践性检验的假设，也意味着任何政策都具有错误的可能性。所以，用实证量化的方法对创新政策效应进行计量检验，为民营企业创新激励政策寻找合适的代理变量，将是学术界重要的探索领域。基于上述研究，建立民营企业创新激励机制长效模式。

民营企业创新政策内向规制研究：科技创新激励政策的感应研究。即创新政策影响下，企业家对企业创新项目的选择及其创新绩效关系研究尚不多见。创新政策作为一种宏观经济政策，与民营企业家秉持的价值观以及对创新投资的不同理念，对科研投入倾向的影响有多大是本书研究的内容之一。

民营企业创新政策生态规制研究：民营企业创新激励政策与其他政策的协调性研究。针对民营企业科技创新激励政策实施的具体方式较多，不同政策手段间存在异质性影响研究。研究产业创新政策、货币政策、财政政策等政策之间的协调性。因为国家的各项经济政策都是为解决不同的经济问题服务的，难免存在政策之间的相互抵触和作用消减态势。

民营企业创新政策综合规制研究：针对民营企业创新的长效激励机制研究。企业科技创新应当与时俱进，要研究长期稳定的创新激励机制，鼓励民营企业把创新作为企业战略，将转型升级形成常态，提高企业的国际竞争力。

## （二）积极引导中小企业走科技创新的发展道路

资源型城市必须有意识地把握主动权，树立科学技术是第一生产力的理念，用科技创新带动资源型城市的转型发展。研究表明，资源型城市转型越早，收效越好，成本损失越低。因此，资源型城市应在大力发展资源产业的同时，合理布局城市产业格局，注重培育战略性新兴产业，为城市有序、持续、健康发展奠定良好基础。成熟型资源型城市应利用矿业资源开采旺盛期积累的资金，迅速调整产业布局，提前布局接续替代产业，逐步建立城市新的产业支柱。处于衰退期的资源型城市应把建设一批科技含量高，如环保节能、生物制药、新一代信息技术及高端技术装备制造业作为城市产业转型发展的突破口。同时，资源型城市的中小企业应提升科技创新主体意识，自觉担负城市发展使命，在科技创新方面下足工夫，不畏艰难，潜心探索，走科技兴业、优质发展的道路。主动与科技院校合作，坚持创新产学研合作模式，设立联合研发中心，合作开发项目，培养专业人才，增加研发投入，促进科技成果转化为现实生产力，实现发展互惠、合作共赢。

### （三）加大财税和金融对中小企业科技创新的支持力度

首先，在完善与中小企业创新相关的法律法规的基础上，资源型城市应积极运用财税政策，不断激发中小企业的科技创新活力。可逐年提高科技创新财政支出占城市财政支出的比重，帮助中小企业树立信心、提升动力。保持科技创新财政投入与科技贡献成正比、科技创新收入实际税率与科技创新收入增幅成反比，扩大中小企业科技创新相关税收惠及的范围。降低中小企业税收征缴比例，减免其行政事业收费，遏制乱摊派现象，使中小企业能切实体会到税费优惠的益处。此外，通过政府定向采购方式，为中小企业实现科技创新成果市场化、扩充市场份额提供支持。其次，优化金融资源配置，加强对中小企业科技创新的融资支持。金融作为现代经济的核心，是中小企业发展的生命力，对激发中小企业科技创新活力意义重大。结合国际国内经济形势及资源型城市中小企业发展现状，应建立完善的市场化金融服务体系，在规范金融市场稳定发展的基础上，积极创新金融产品和服务，提高金融服务实体经济，特别是服务中小企业科技创新的能力。通过创新导向的金融政策促进中小企业科技创新，盘活中小企业资金需求，疏通科技成果向产业、市场转化的障碍，加速科技成果转化步伐。一是扩充金融机构数量，提高金融机构服务质量。发展中小企业专属的金融机构，积极筹建由民间资本、企业资本和政府资本共同组建的金融机构，推动互联网金融快速发展，稳步发展债券、证券等机构，并促进这些金融机构共同为中小企业的科技创新提供融资服务。二是拓展传统金融业务，创新科技金融服务业务。开辟科技创新绿色通道，开展中小企业专属融资业务。大力发展普惠金融，规范众筹融资，降低金融服务中小企业科技创新的门槛。三是加强征信和风控管理，提高资本市场透明度，加强金融市场监管，为科技成果转化和市场应用提供金融支持。

（四）提高科技创新服务能力，完善科技创新服务体系

资源型城市应把促进中小企业科技创新作为经济发展的重要任务，树立服务中小企业科技创新的发展思路，克服多头管理、各自为政的狭隘思想，形成齐抓共管、共同担当的责任意识，为中小企业科技创新营造良好的社会氛围。不论是中小企业主管部门还是相关业务部门、科技中

介机构，都应提高服务意识，相互配合，通力合作，共同帮助中小企业提升科技创新能力，促进科技成果转化，进而推动各方受益。可借鉴国外一些先进经验，通过建立科技工业园和企业"孵化器"、发放科技创新券、减免税收、提供科技发展基金和科技创新项目资助等办法，鼓励中小企业从事科技创新。同时，积极发展科技服务中介机构，丰富科技项目服务类型。拓展科技创新服务内容，增强科技服务能力。培育和发展市场化、社会化、专业化的科技服务中介机构，提升系统化、专业化服务中小企业的能力，从资金、技术、人才、信息和法律等方面为中小企业开展线上线下服务和应用推广活动，更好地满足中小企业科技创新的需求。科技信息服务的中介机构可主动筛选有效信息供中小企业选择，为其提供科技创新参考，并跟进服务。科技成果转化的中介机构可与中小企业共同就科技成果转化及市场应用过程中的一些核心问题和必要辅助技术问题进行沟通交流。成果转化和技术转移的专业团队应做好事前解疑、事中协调、事后保障工作，加快中小企业科技成果转化和产业化进程。应积极发展"众创"平台等服务机构，为中小企业汇集智慧资源，提供技术信息支持。鼓励"大众创业、万众创新"，推动各类"众创"服务平台快速发展，发挥"众创"空间优势，推广"众创"模式，促进"众智创新"，以提升中小企业的科技研发水平。

　　总之，中小企业科技创新能力的提升不仅关乎中小企业自身的发展和竞争力的提高，也是实现资源型城市可持续发展的有效途径, 对国民经济和社会发展具有重要意义。一方面, 中小企业科技创新在资源型城市转型和国家创新驱动发展中具有重要地位。实现中小企业科技创新发展, 能有效推动资源型城市产业转型升级, 优化科技创新体制机制、发挥科技创新的强大引擎作用, 从而促进国民经济健康发展; 另一方面, 中小企业也应自觉发挥科技创新的主体作用, 以科技创新提升自身竞争力, 在促进自身发展和满足社会各类需求中坚定科技创新价值取向。积极主动开展技术创新、自主投入研发、培育科研组织和促进成果转化, 进而激发社会的创新热情, 促进"大众创业、万众创新", 为促进资源型城市顺利转型、提升我国自主创新水平做出贡献。

# 参考文献

1. 马克，李军国.我国资源型城市可持续发展的实践与探索——国内资源枯竭型城市十年经济转型经验与展望[J].经济纵横，2012（08）.

2. ［美］威廉·伊斯特利.白人的负担[M]崔新钰，译.北京：中信出版社，2008.

3. 韦森.经济学与伦理学[M].上海：上海人民出版社，2002.

4. 柳泽，周文生，姚涵.国外资源型城市发展与转型研究综述[J].中国人口·资源与环境，2011，21（11）.

5. 田原，孙慧.资源型产业低碳转型的影响因素及作用机理分析[J].求是学刊，2016（4）.

6. 陈桂生.资源型区域经济发展中的政府治理：德国鲁尔区的经验及启示[J].世界经济与政治，2014（1）.

7. 陈彪.资源型地区创新驱动发展面临的问题与对策[J].经济问题，2015（9）.

8. 惠宁，惠炜，白云朴.资源型产业的特征、问题及其发展机制[J].学术月刊，2013（7）.

9. ［美］丹尼斯·米都斯.增长的极限[M].李涛，王智勇，译．北京：机械工业出版社，2013.

10. 世界环境与发展委员会．我们共同的未来 [M]. 王之佳等，译．长春：吉林人民出版社，1997.

11. ［英］大卫·皮尔斯等．绿色经济的蓝图 [M]. 何晓军，译．北京：北京师范大学出版社，1996.

12. 张岩在．资源型城市发展破题 [J]. 中国报道，2014（1）.

13. ［美］奥尔多·利奥波特．沙乡年鉴 [M]. 朱敏，译．上海：上海科学普及出版社，2014.

14. ［意大利］马可·波罗．马可·波罗游记 [M]. 梁生智，译．北京：中国文史出版社 .1998.

15. 梁启超．先秦政治思想史 [M]. 天津：天津古籍出版社，2004.

16. 王家诚．借鉴国外经验发展我国低碳经济 [J]. 当代石油石化，2010（3）.

17. 联合国开发计划署．中国人类发展报告：迈向低碳经济和社会的可持续未来 [R]. 2009（10）.

18. 徐冬青．发达国家发展低碳经济的做法与经验借鉴 [J]. 世界经济与政治论坛，2009（6）.

19. 李晓玲，陈雨松．"碳关税"与 WTO 规则相符性研究 [J]. 国际经济合作，2010（3）.

20. 高静．"碳关税"法律制度研究 [D]. 北京：中国政法大学，2010.

21. 李伟，杨青．碳关税对我国贸易的影响及应对策略

[J]. 商业时代，2010（16）.

22. 张碧琼 . 国际资本流动与对外贸易竞争优势 [M]. 北京：中国发展出版社，1999.

23. 李平，甘亚平 . 入世后中国前沿问题分析 [M]. 北京：中国商业出版社，2001.

24. 龙文懋 . 全球化与经济安全 [M] 长沙：湖南人民出版社，2003.

25. ［塞内加尔］阿马杜·马赫塔尔·姆博 . 人民的时代 [M]. 郭春林，蔡荣生，译 . 北京：中国对外翻译出版公司，1986.

26. 徐泉 . 国际贸易投资自由化法律规制研究 [M]. 北京：中国检察出版社，2004.

27. ［法］W·佩特里斯基，山·施韦兹 . 伦理学中的人与自然 [J]. 国外社会科学，1982（2）.

28. 刘合生 . 政府促进中小企业发展政策研究——基于金融危机背景下的思考［M］. 北京：中国社会科学出版社，2012（10）.

29. Stapp，W.B，etal.The Conceptof Environmental Education[J].The Journal of Environmental Education.1969（1）.

30. 张雪慧 . 对我国 CPI 构成的探讨 [J]. 价值工程，2010（2）.

31. 毛文学 . 科技创新与产学研合作分析：以义乌为例 [M]. 杭州：浙江大学出版社，2014.

32. 尹作亮 . 政府支持中小企业技术创新的政策研究 [J].

荆楚理工学院学报，2012（10）.

33. 王海峰，张天平. 基于生物进化视角的企业绿色创新演化研究 [J]. 湖南科技大学学报（社会科学版），2014（1）.

34. 刘俊棋. 互联网金融与科技型中小企业融资研究 [J]. 学术探索，2014（12）.

35. 李先伦. 中国政党协商发展研究 [M]. 济南：山东人民出版社，2018.

36. 苇岸. 大地上的事情，一个人的道路 [M]. 桂林：广西师范大学出版社. 2014（5）.

37. 张雪萍. 生态学原理 [M]. 北京：科学出版社出版. 2011.

38. 朱阿丽，王绍芳. 东西方生态观的碰撞与契合 [J]. 管子学刊，2017（02）.

39. 贾书浩. 生态文明视野下乡镇企业的发展现状分析 [J]. 学理论，2018（09）.